改革再造一个新广东系列丛书

深化文化体制机制改革 建设文化强省

中共广东省委党校（广东行政学院）编
欧海龙 主编

SPM 南方传媒 广东人民出版社
·广州·

图书在版编目（CIP）数据

深化文化体制机制改革建设文化强省 / 中共广东省委党校（广东行政学院）编；欧海龙主编. -- 广州：广东人民出版社，2025.1. --（改革再造一个新广东系列丛书）. -- ISBN 978-7-218-18265-0

Ⅰ. G127.65

中国国家版本馆 CIP 数据核字第 2024Q4G303 号

SHENHUA WENHUA TIZHI JIZHI GAIGE JIANSHE WENHUA QIANGSHENG

深化文化体制机制改革建设文化强省

中共广东省委党校（广东行政学院） 编

欧海龙 主编

出 版 人：肖风华

出版统筹：卢雪华
责任编辑：伍茗欣 李鲁新
责任校对：胡艺超
装帧设计：样本工作室
责任技编：吴彦斌

出版发行：广东人民出版社
地　　址：广州市越秀区大沙头四马路 10 号（邮政编码：510199）
电　　话：（020）85716809（总编室）
传　　真：（020）83289585
网　　址：http://www.gdpph.com
印　　刷：广州市豪威彩色印务有限公司
开　　本：889 毫米×1194 毫米 1/32
印　　张：5.875　**字　　数**：105 千
版　　次：2025 年 1 月第 1 版
印　　次：2025 年 1 月第 1 次印刷
定　　价：36.00 元

售书热线：020-87716172

序

党的二十届三中全会是在以中国式现代化全面推进强国建设、民族复兴伟业的关键时期召开的一次十分重要的会议，是在新的历史起点上进一步全面深化改革，推进中国式现代化的总动员、总部署，是对新时代新征程举什么旗、走什么路的再宣示，具有重大的政治意义和深远的历史影响。习近平总书记的重要讲话，深刻阐述了进一步全面深化改革、推进中国式现代化的一系列方向性、根本性重大问题，为进一步全面深化改革提供了根本遵循。全会审议通过的《中共中央关于进一步全面深化改革、推进中国式现代化的决定》，既是党的十八届三中全会以来全面深化改革的实践续篇，也是新征程推进中国式现代化的时代新篇。

广东是改革开放的排头兵、先行地、实验区，必须在进一步全面深化改革中走在前、作表率，更好肩负起在推进中国式现代化建设中走在前列的使命任务。省委始终牢记习近平总书记和党中央的厚望重托，深入领会党的二十届三中全会的战略擘画，深刻把握广东在全国改革发展大局中的责任使命，召开省委十三届五次全会，出台贯彻落实意见，紧紧围绕走在前列的目标要求，聚力更好发挥窗口作用、更好发挥先行示范作用、更好发挥排头兵作用、更好发挥挑大梁作用，对广东进一步全面深化改革作出系统安排，努力展现新气象、干出新作为、谱写新华章。

学习、宣传、贯彻党的创新理论和战略部署是党校的职责使命。为帮助广大党员干部深刻领会党的二十届三中全会精神，深入了解广东改革开放特别是新时代以来的实践探索、全国兄弟省份的创新经验，推动省委十三届五次全会的改革谋划落地落实，省委党校（广东行政学院）集中骨干力量迅速组建 9 个团队，会同广东人民出版社，确定以“改革再造一个新广东”为主题编写学习贯彻党的二十届三中全会精神系列教材，历经多轮研讨打磨，最终成书。系列教材坚持政治性与通俗性相统一、准确性与可读性相统一、整体性与针对性相统一，文风力求鲜明生动、语言力求晓畅明白，有质有文、夹叙夹议，在精准阐释党的二十届三中全会战略部署及省委十三届五次全会工作安排的基础上，既对广东改革开放历史进行总体把握，又分领域分专题进行系统梳理，既充分挖掘展现新时代以来广东的实践探索，又针对性地学习阐释兄弟省份的先进经验，为全省广大党员干部进一步激发艰苦奋斗精神、拓宽创新发展视野、笃定改革前行方向提供有益的学习、参考和借鉴。

理论是灰色的，而生命之树常青。实践发展永不停步，思想引领、理论建设永无止境。今后，我们将始终心怀“国之大者”，聚焦党中央战略部署、省委具体安排，锚定建设全国一流党校奋斗目标，贯彻落实基本培训要求，不断优化课程体系、加强教材建设、创新实践教学，深化教学改革，持续提升教学质量，为广大党员干部坚定理想信念、拓展思维视野、提升理论素养、提高履职能力提供强有力支撑，为广东进一步全面深化改革、在推进中国式现代化建设中走在全国前列作出新的更大贡献。

2024 年 12 月

目　录

CONTENTS

引言　中国式现代化是物质文明和精神文明相协调的现代化

中国式现代化是物质文明和精神文明相协调的现代化，既要通过经济体制改革，解放和发展社会生产力，实现物质富裕，也要通过文化体制改革，激发文化生命力、创造力，实现精神富足。

文化是一个民族的精神谱系与价值元点，影响并生成一个国家一个民族特有的生活方式、价值理念、审美观念、风俗传统等，是一个国家、一个民族的灵魂，是继往开来、繁荣昌盛之本。当前，世界之变、时代之变、历史之变正以前所未有的方式展开。文化越来越成为强国建设、民族复兴的强大支撑，成为各国争夺发展制高点、道义制高点的关键所在。世界各国竞争，以文化论输赢。“在新的历史起点上深化文化体制机制改革、推动文化繁荣兴盛，事关中国式现代化建设全局，事关国家长治久安、民族永续发展。”[①] 我们深刻认识到：文化兴则国运兴，文化强则民族强。党的二十届三中全会通过的《中共中央关于进一步全面深化改革推进中国式现代化的决定》（以下简称《决定》），立足强国建设、民族复兴的战略高度，着眼赓续中华文脉、推动文化繁荣的重大使命，聚焦建设社会主义文化强国，提出深化文化体制机制改革重大任务，明确改革路径和具体举措，为新时代新征程文化改革发展提供了根本遵循、指明了前进方向。

文化体制是一个国家关于文化与政治、经济关系的制度性体现和反映，集中体现了一个国家执政主体关于这三者关系的理论主张，以及在这种理论主张下建立起来的国家文化体制

① 《深化文化体制机制改革》，《人民日报》2024 年 8 月 7 日。

和政策系统。[①] 文化体制机制改革是解放和发展文化生产力、激发全民族文化创新创造活力的重要引擎，是进一步全面深化改革推进中国式现代化的重要内容。习近平总书记指出："改革是文化繁荣发展的动力所在，要在全面深化改革大框架下，坚定不移将文化体制改革引向深入，完善文化管理体制，创新生产经营机制，不断激发文化创新创造活力。"[②] 党的十八大以来，以习近平同志为核心的党中央把文化建设摆在治国理政的突出位置，高度重视文化改革发展，把文化体制改革作为全面深化改革的重要组成部分加以谋划推进。当前，文化建设已转入高质量发展，文化体制改革正处于"船到中流浪更急，人到半山路更陡"的阶段。面对新形势新要求新征程，《决定》在新的历史起点

---

① 胡惠林：《论文化体制改革》，《开发研究》2005 年第 4 期。

② 中共中央宣传部干部局：《新时代宣传思想工作》，学习出版社 2020 年版，第 201 页。

上，更加注重深化改革的系统性、整体性、协同性，突出制度创新，从夯基垒台、立柱架梁，到全面推进、积厚成势，文化领域“四梁八柱”性质的改革主体框架基本形成。在中华民族伟大复兴的关键时刻，全面深化文化体制机制改革，建设社会主义文化强国，这是新时代新征程的重要使命。

时序更替，华章日新。北枕五岭，襟扼三江；集中原精粹，纳四海新风；融通中西、兼收并蓄的岭南文化，是中华文化的重要组成部分。“广东非徒重于世界，抑且重于国中矣。”1905 年，梁启超在《世界史上广东之位置》中，为广东在世界文明版图中寻找坐标。广东是岭南文化中心地、海上丝绸之路发祥地、中国近代民主革命策源地、改革开放前沿地。文化产品最能彰显时代风采，文化力量最能直抵人心。广东认真贯彻落实习近平文化思想，扎实推进文化强省建设，聚焦“举旗帜、聚民心、育新人、兴文化、展形象”的使命任务，将文化体制机制改革放在重要位置，以守正创新的正气和锐气赓续历史文脉、谱写当代华章，在文化事业、文化产业改革创新等方面实现新突破，取得了明显的经济效益和社会效益，并形成一系列具有鲜明时代特征和广东特色的改革经验。

2024 年 9 月 14 日，中国共产党广东省第十三届委员会第五次全体会议审议通过了《中共广东省委关于贯彻落实党的二十届三中全会精神，进一步全面深化改革、在推进中国式现代化建设中走在前列的意见》，省委书记黄坤明同志指出：站在新的历史起点上，我们要认真学习贯彻习近平总书记在党的二十届三中全会上的重要讲话和对广东系列重要讲话、重要指示精神，深入领会蕴含其中的厚望重托，始终坚持党的全面领导，始终坚持解放思想、实事求是、与时俱进，始终坚持敢闯敢试、敢为人先，始终坚持发展第一要务，始终坚持以人民为中心，始终坚持以开放促改革、促发展。坚持"两手抓、两手都要硬"，通过改革激发文化生命力、创造力，建设更高水平文化强省，书写好中华民族现代文明的广东篇章。

百舸争流，奋楫者先；千帆竞发，勇进者胜。改革开放铸就了敢闯敢试、敢为人先的改革精神，砥砺了广东人民敢于斗争、勇于胜利的风骨、勇气和精神。这是广东迭经变革、勇立潮头的精神密码，是广东最鲜明的精神标识，也是最宝贵的精神财富。新时代，岭南文化活力焕发，文化创新动能强劲，努力建设更高水平的文化强省，必将为广东在新征程中走在全国前列、创造新的辉煌提供坚实文化支撑与文化动能。作为贯彻落实习近平总书记重要指示的具体行动，广东省委作出“1310”具体部署，将“扎实推进文化强省建设，在交出物质文明和精神文明两份好的答卷上取得新突破”列为奋力实现“十大新突破”之一。新时代新征程，我们要进一步扎实推进文化强省建设，大力推动文化事业和文化产业繁荣发展，培育向上向善、刚健朴实的文化，更好发挥文化引领风尚、教育人民、服务社会、推动发展的作用，自觉以时不我待的紧迫感和责无旁贷的使命感，努力在进一步全面深化改革中走在前列，为“再造一个新广东”注入强大的文化力量，在中国式现代化这一人类文明史上最为雄壮的史诗中奏响广东文化高质量发展最强音！

第一章　立心立魂：完善意识形态工作责任制

“意识形态工作是为国家立心、为民族立魂的工作”①，关乎旗帜，关乎道路，关乎国家政治安全。党的十八大以来，以习近平同志为核心的党中央在意识形态建设上正本清源、建章立制、举旗亮剑，实现意识形态领域形势发生全局性、根本性转变，全党全国各族人民文化自信明显增强，全社会凝聚力和向心力极大提升，为强国建设、民族复兴凝聚形成强大精神力量。

---

① 习近平：《高举中国特色社会主义伟大旗帜　为全面建设社会主义现代化国家而团结奋斗——在中国共产党第二十次全国代表大会上的报告》，人民出版社2022年版，第43页。

我国意识形态领域总体保持向上向好态势，但面对的形势依然复杂，面临的风险挑战依然严峻，意识形态斗争和较量有时十分尖锐。比如，社会思想意识复杂多样、相互交织，社会主流价值遭遇市场逐利性的挑战，媒体格局和舆论生态正发生深刻变化，各种敌对势力加紧对我国渗透遏制，“意识形态领域存在不少挑战”①。

意识形态工作是党的一项极端重要的工作，我们一刻也不能放松，必须以更有力的领导、更有效的举措，牢牢掌握意识形态工作领导权，持续加强社会主义意识形态建设，着力完善意识形态工作责任制，推动理想信念教育常态化制度化，巩固拓展意识形态阵地，更好服务党和国家中心工作，更好统一思想、凝心聚力。

---

① 习近平：《高举中国特色社会主义伟大旗帜　为全面建设社会主义现代化国家而团结奋斗——在中国共产党第二十次全国代表大会上的报告》，人民出版社 2022 年版，第 14 页。

一、用党的创新理论凝心铸魂

《决定》指出，完善意识形态工作责任制。健全用党的创新理论武装全党、教育人民、指导实践工作体系，完善党委（党组）理论学习中心组学习制度，完善思想政治工作体系。创新马克思主义理论研究和建设工程，实施哲学社会科学创新工程，构建中国哲学社会科学自主知识体系。

马克思主义是我们立党立国、兴党兴国的根本指导思想，是社会主义意识形态的旗帜和灵魂。新时代坚持和巩固马克思主义指导地位，最重要的就是坚持和巩固习近平新时代中国特色社会主义思想指导地位，坚持不懈用习近平新时代中国特色社会主义思想凝心铸魂，不断完善党的创新理论的学习教育、研究阐释与宣传普及机制，坚定不移用党的创新理论武装头脑、教育人民、指导实践。

（一）健全学习贯彻党的创新理论的制度机制

马克思主义政党的先进性，首先体现为思想理论上的先进性。注重思想建党、理论强党，是中国共产党的鲜明特色和光荣传统。党的十八大以来，以制度建设推进理论武装的力度不断加强，各项关于理论武装的党内法规制定施行，为建设马克思主义学习型政党提供制度支撑。

首先，要完善党委（党组）理论学习中心组学习制度，抓好领导干部这个“关键少数”。2017年，中央办公厅印发《中国共产党党委（党组）理论学习中心组学习规则》，明确了党委（党组）理论学习中心组学习的性质定位原则、内容形式要求以及组织管理考核等。但在现实中，政治理论学习不深不透、学习开展不严不实、制度落实不到位等问题仍然存在。对此，完善党委（党组）理论学习中心组学习制度，必须全面落实“第一议题”制度，完善领导班子读书班制度，组织领导班子成员坐下来、静下心，读原著、学原文、悟原理。突出问题意识，坚持目标导向，将理论学习与调查研究、解决问题等有机结合，推动领导干部理论学习走深走实。健全主体责任和督查考核制度，把严的标准、严的措施、严的作风贯穿全过程，推动学习由“软任务”变为“硬约束”，推动党委（党组）理论学习规范化、制度化。

其次，要健全理论学习教育长效机制，推动学习贯彻习近平新时代中国特色社会主义思想常态化制度化。近年来，党中央先后印发《关于推进“两学一做”学习教育常态化制度化的意见》《关于巩固拓展学习贯彻习近平新时代中国特色社会主义思想主题教育成果的意见》等文件，将全党范围的教育活动以制度形式固定下来，推动学习贯彻习近平新时代中国特色社会主义思想制度化、规范化、常态化、长效化。为持续巩固理论武装成果，必须进一步推动理论学习教育常态化制度化，建立健全以学铸魂、以学增智、以学正风、以学促干的长效机制，如严格落实“三会一课”、主题党日等制度，高质量开展组织生活会，把理论学习教育融入日常、抓在经常。通过建章立制，切实保障理论学习与调查研究、检视问题、整改落实贯通起来，运用党的创新理论解决真问题、真解决问题，让人民群众切实感受到解决问题的实际成效。

最后，要完善思想政治工作体系，构建共同推进思想政治工作的大格局。2021 年，中共中央、国务院印发《关于新时代加强和改进思想政治工作的意见》，进一步明确把思想政治工作作为治党治国的重要方式，着力固根基、扬优势、补短板、强弱项，提高科学化规范化制度化水平。为更好发挥意识形态凝聚力功能，汇聚各领域思想政治工作合力，必须完善党委统一领导、党政齐抓共管、宣传部门组织协调、有关部门和人民团体分工负责、全党全社会共同参与的思想政治工作机制，统筹推进企业、农村、机关、学校、社区、网络等领域的思想政治工作体系建设，提升基层思想政治工作质量和水平，推动新时代思想政治工作守正创新发展，构建共同推进思想政治工作的大格局。

（二）构建中国哲学社会科学自主知识体系

哲学社会科学是意识形态的重要支撑。

早在 2004 年，中央就提出实施马克思主义理论研究和建设工程，旨在把马克思主义在中国发展的最新理论成果贯穿到哲学社会科学的学科建设、教材建设中。2011 年，中国社会科学院实施哲学社会科学创新工程，大力推进哲学社会科学管理体制机制创新，搭建哲学社会科学创新平台。两项工程在马克思主义和党的意识形态阵地建设、综合性新型高端智库建设、哲学社会科学“三大”体系建设以及加强和改善党对哲学社会科学的领导等方面作出成功探索，为构建中国哲学社会科学自主知识体系奠定理论基础，有力巩固了马克思主义在意识形态领域的指导地位。

随着中国式现代化的全面推进，我国经济

社会发展取得历史性成就、发生历史性变化，同时也面临着一系列前所未有的重大时代课题。要回应中国之问、世界之问、人民之问、时代之问，必然需要推动理论创新。这就要求我们着力健全理论研究制度，加快构建中国哲学社会科学学科体系、学术体系、话语体系，面向中国田野、解决中国问题、形成中国理论，为中国式现代化提供科学指引，让中国特色哲学社会科学真正屹立于世界学术之林。

如何构建中国哲学社会科学自主知识体系？

究其根本，以马克思主义为指导思想是当代中国哲学社会科学区别于其他哲学社会科学的根本标志，是我国哲学社会科学始终沿着正确方向繁荣发展的根本保证。这就要求一方面将马克思主义基本原理同中国具体实际相结合，以中国为观照、以时代为观照，立足中国国情、关注发展现实，从中国之路、中国之治中探寻中国之理；另一方面，把马克思主义基本原理同中华优秀传统文化相结合，挖掘和阐发中华文明丰厚思想资源、文化资源和历史资源，在对中华优秀传统文化创造性转化和创新性发展中构建自主知识体系。

具体而言，构建中国哲学社会科学自主知识体系是一项系统工程，需要推进研究平台、学科体系、学术体系、话语体系等领域的全面革新。

在研究平台方面，实施哲学社会科学创新工程，搭建哲学社会科学创新平台，健全马克思主义理论研究和建设工程、社科基金等平台建设，为聚焦解决重大问题汇聚强大智力，不断增强哲学社会科学持续发展和创新能力。

在学科体系方面，创新马克思主义理论研究和建设工程，不断巩固马克思主义理论学科，打造一批具有世界影响的优势学科，努力形成基础学科健全扎实、重点学科优势突出、新兴学科和交叉学科创新发展、冷门学科代有传承、基础研究和应用研究相辅相成、学术研究和成果应用相互促进的学科体系。

在学术体系方面，完善学术理论体系、学术研究组织体系、学术平台支撑体系，创新科研组织方式，组织开展跨部门跨区域跨学科合作研究，推进协同创新，建立健全导向鲜明、符合规律、科学权威、公开透明的学术评价体系和考核机制。

在话语体系方面，立足中国特色社会主义伟大实践，提炼概括具有中国特色、世界影响的标识性学术概念、学术范畴，将中国特色社会主义制度优势、发展优势、文化优势转化为理论和话语优势。推进政治话语学理化、学术话语大众化、中国话语国际化，完善话语体系建设工作机制。

（三）让党的创新理论飞入寻常百姓家

近年来，广东坚持不懈用习近平新时代中国特色社会主义思想凝心铸魂，聚焦用党的创新理论武装全党、教育人民这个首要政治任务，扎实推进理论学习制度化规范化，建立健全理论学习长效机制，严格落实“第一议题”学习制度，完善党委（党组）理论学习中心组学习列席旁听制度，抓好领导干部这个“关键少数”，健全五学联动机制，以“关键少数”带动多数，引导干部群众从中悟原理、明方向、学方法、增智慧。

在理论研究方面，广东创新开展“习近平新时代中国特色社会主义思想与广东实践”系列研讨会，围绕“探索中国式现代化的广东实践：以高质量发展为牵引，高水平推进现代化建设”“深入学习贯彻习近平经济思想，始终坚持实体经济为本、制造业当家，在建设更具国际竞争力的现代化产业体系上取得新突破”等主题，组织邀请学界、政界、业界代表共聚一堂、深入研讨，促进形成理论研究与实践探索互促互进的科研机制。

在理论宣传方面，广东深入实施习近平新时代中国特色社会主义思想传播工程，健全理论普及工作体系，探索规范开展基层宣讲活动的长效机制，做强“干部讲政策、专家讲理论、百姓讲故事”宣讲矩阵，打造出“理响广东”“青年说”“少年说”等宣传品牌，发挥“两中心一平台”和“粤学习”网上理论传播阵地作用。

聚焦地方实践，广东构建起省、市、县、镇、村五级理论宣讲体系，各地创新理论宣讲方式，一支支多层次、立体化、特色鲜明的宣讲队伍，深入基层各个领域开展分众化、对象化、互动化宣讲，推动习近平新时代中国特色社会主义思想“飞入寻常百姓家”。

比如，江门将理论教育、党史学习教育等融入人民群众喜闻乐见的文艺形式当中，打造出“艺术党课”。像“音乐党课”将“党史+理论”“诗诵+表演”“红歌+点歌”融为一体，编排30余节曲目供群众点单，将党史阐释、诗词鉴赏、故事演绎、歌曲教唱等环节贯穿于课堂之中，实现寓教于乐。“舞剧党课”是以舞剧为载体，以艺术的形式呈现百年党史中五邑华侨华人的家国担当，让群众在沉浸式体验中感受华侨群体与家国命运交织的故事和历史。

如何进一步推动习近平新时代中国特色社会主义思想武装头脑、教育人民、指导实践？

一方面，统筹推进理论学习教育、研究阐

2023 年 7 月 1 日，江门市艺术党课《党的女儿》上演

释、宣传普及工作。若没有深刻的理论研究和深入的调查研究，则理论教育、宣传普及难免浮于表面，解决不了根子上的问题。若缺乏深入浅出、讲活讲透的宣传普及方式，则党的创新理论也难以走进群众心里。所以，必然需要构建三者环环相扣、互促互进的工作体系，让理论学习有深度、理论研究接地气、理论宣讲能解惑。

另一方面，健全“理响广东”理论宣传普

及工作体系，用人民群众喜闻乐见的方式推动党的创新理论深入人心。这就要求广东各地进一步强化理论宣传矩阵建设，培育壮大基层宣讲人才队伍，建立对象化、分众化、互动化宣讲体系，发挥群众首创精神，创新理论宣讲方式，与人民群众的生活实际紧密结合起来，积极回应基层所想、群众所惑、百姓所盼，让宣讲更有热度、更有温度、更有深度。

二、更好塑造主流舆论新格局

《决定》指出，“完善新闻发言人制度。构建适应全媒体生产传播工作机制和评价体系，推进主流媒体系统性变革。完善舆论引导机制和舆情应对协同机制。”一场前所未有的信息革命浪潮席卷而来，正推动世界进入信息化社会和全媒体时代，给意识形态工作和新闻舆论工作带来全方位、深层次的影响。为更好统一思想、广泛凝聚共识，必须创新推进新闻舆论工作，着力提升新闻舆论传播力、引导力、影响力、公信力，加强正面宣传，唱响主旋律、传递正能量，塑造主流舆论新格局。

（一）推进主流媒体系统性变革

信息技术革命的浪潮正以前所未有的速度重塑着媒体的版图和传播的路径，主流媒体的系统性变革已成为时代的必然选择。截至2023年底，我国网民数量已突破10.92亿人，其中，手机网民占比99.9%，我们已全面迈入移动互联网时代。新兴媒体如网络视频、即时通信、网络直播等迅速崛起，成为信息传播的新宠。面对新兴媒体挑战，主流媒体必须加快步伐，推动系统性变革，以新技术新应用为武器，牢牢占据舆论引导、思想引领、文化传承、服务人民的传播制高点。

主流媒体的系统性变革是巩固壮大主流舆论、建设全媒体传播体系的关键。在经济体制、社会结构、利益关系、就业方式深刻调整和变化的背景下，社会思想意识日益多元化，舆论场变得错综复杂。互联网的快速发展使得网络空间与现实空间的界限模糊，网络已成为意识形态斗争的新战场。主流媒体必须在这场斗争中发挥“定音鼓”和“风向标”的作用，唱响主旋律、弘扬正能量，在多元中立主导，在多样中谋共识。

推进主流媒体系统性变革，首要的是深化系统性工作，坚持导向为魂、内容为王、创新为要、流量和效果说话的原则，通过互联网思维来主导资源配置，全面推动组织架构、管理流程、运营模式、话语体系、媒体形态、平台技术的革新。在技术革新方面，建立有利于新技术使用、新应用创新的体制机制，探索将人工智能等前沿技术融入新闻采集、生产、分发、接收、反馈的每一个环节，以此驱动媒体转型，重构媒体融合发展的技术基础。

在完善体制机制方面，推进主流媒体系统性变革需要真正建立适应全媒体时代的组织领导机制、运行管理机制和保障机制。同时，要建立健全遵循全媒体生产传播的考核、评价和激励机制，确保每一个环节都能高效运转，每一个创意都能得到尊重，降低试错成本，提升改革效率。这不仅是技术的革新，更是管理的革命，要求以全新的视角和方法来应对全媒体时代的挑战。

最后，统筹协调是推进主流媒体系统性变革的关键环节。在改革中要处理好中央主流媒体和地方主流媒体、主流媒体和新办新兴媒体、主流媒体和融媒体平台的关系，形成资源集约、结构合理、差异发展、协同高效的全媒体传播体系。这不仅是一场内部的整合，更是一场外部的联动，要求在保持特色的同时，实现资源共享和优势互补，共同构建一个充满活力、富有效率的全媒体传播新格局。

（二）完善舆论引导和舆情应对协同机制

舆论是影响社会发展的重要力量。在全媒体时代，社交媒体平台各种观点、各种声音错综复杂、真假掺半，一篇作文、一段声音、一张聊天记录截图等都能成为引发网络负面舆情传播的导火索，影响社会稳定，甚至可能成为西方舆论战、信息战、认知战的工具。为此，必须完善舆论引导机制和舆情应对协同机制。

一方面，落实和完善新闻发言人制度。党的十八大以来，我国新闻发布的制度化、规范化建设不断提速，新闻发言人的能力素质、可信度、媒体传播力影响力不断提升，特别是在面对突发公共事件、热点敏感舆情事件中起到激浊扬清、安定民心的作用。为进一步发挥新闻发言人的重要作用，需要根据形势任务的发展变化，健全完善本领域新闻发言人制度的框架和规范，确保能适时完整准确全面地阐述政府和组织的立场观点，保障公众的知情权和监督权，密切党和政府与人民群众的关系。

另一方面，深入研究移动互联网时代舆论的生成、演变规律，对社会舆情和心理变化保持高度敏感，保持正确政治方向和舆论导向，讲求引导艺术，提高引导能力，积极引导、正确引导、有效引导。比如完善舆情收集体系，及时掌握热点舆情动向和社会心理变化。加强舆情分析研判，建立健全舆情会商机制，搞清楚热点舆情影响范围、发酵路径和发展趋势，有针对性地开展引导处置。

（三）推进广东主流媒体系统性变革

在新一轮媒体变革的浪潮中，广东正积极推进媒体深度融合发展，唱响南粤主流声音。如南方报业传媒集团、羊城晚报报业集团、广东广播电视台等主流媒体，通过资源整合、机构重组、流程再造、队伍提升等方式作出系统性变革，探索构建全媒体传播体系。

南方报业传媒集团坚持走一体化发展之路，建立起覆盖用户超数 4.57 亿的报、刊、网、端、微、屏的全媒体传播矩阵，构建报网端一体策划、一体生产、多介质传播的内容生产体系，推动生产与传播由单向式向互动式、服务式、场景式的传播转变，如《南方日报》、“南方+”策划的“县委书记打擂台”三季共 24 期节目，带动全省干部群众热议“百县千镇万村高质量发展工程”，奏响全省上下一心、攻坚克难，推动广东高质量发展的协奏曲。

“县委书记打擂台”视频在广东多城轮播

羊城晚报报业集团推动采编机制改革，大刀阔斧构建新型采编流程，建立起适应全媒体生产传播的一体化组织架构。创新跨平台差异化的生产传播策略，打造适配不同用户需求的“分众云道”，以羊城派为中枢，搭建起“1+2+

3+N”[①] 立体移动传播链，持续推出《岭南文脉》《花地文学榜》等优秀文化栏目，创设《大美岭南》等文化融媒栏目，形成《云上岭南》、*Y Talk*（《寰球一席谈》）等外语栏目，绘就岭南大地传承发展中华文化的魅力画卷。

广东广播电视台明确“主攻网络端、创新传统端”的改革思路，建成“5+X”[②] 互联网媒体传播矩阵，实现自有互联网平台和账号总用户超过6.6亿个。制定并实施“广东卫视振兴工程”“电视剧振兴计划”等，完善科学管理体制和运营机制，健全影视剧创作生产的电视剧投制播体系，近年来推出《珠江人家》《谯

① “1”即羊城派客户端；“2”是深耕微博、微信两大社交平台；“3”是打造以学习强国为代表的核心平台、以抖音为代表的短视频平台、以百度为代表的头部商业平台三大传播账号矩阵，形成分众化精准化的移动传播优势；“N”是不断开拓更多新兴渠道，广泛涵盖推特、脸书、喜马拉雅、B站等一批辐射大湾区、面向海内外的精品账号。

② 1个视频客户端、1个音频客户端、1个IPTV互联网专网电视、1个OTT互联网公网电视、1个PC网站，X个外部平台账号。

国夫人》等粤产文艺精品，《中华白海豚》《广交天下》《了不起的非遗》等粤派纪录片，《流淌的歌声》《国乐大典》等精品节目，谱写广东影视产业高质量发展的新篇章。

当前，广东正全力打造具有强大传播力影响力的全省内宣外宣和技术支撑主平台——“两端一云”，即“南方+”的提挡升级、今日广东国际传播中心（GDToday）的建设以及支撑服务全省媒体融合的统一技术平台“南方智媒云”的开发，这将进一步整合全省宣传工作资源，牵引带动全省媒体融合发展再上新台阶。

如何更好发挥省级主流媒体系统性变革的引领作用？

一方面，坚持导向为魂、内容为王、创新为要、流量和效果说话，构建适应全媒体生产传播工作机制和评价体系，特别是找准媒体报道和群众关切的结合点，让广大群众看得进、听得懂、能接受、喜闻见主流媒体的报道，唱响南粤主流声音。

另一方面，要进一步推进资源的系统整合，强化技术和平台的共享融通，激发媒体融合乘数效应，发挥省级媒体的示范引领作用以及南方智媒云的平台优势，加快推进地方媒体融合转型，建好用好县级融媒体中心，放大一体化传播效能。

三、让文明之花开遍南粤大地

《决定》指出，推动理想信念教育常态化制度化。完善培育和践行社会主义核心价值观制度机制。改进创新文明培育、文明实践、文明创建工作机制。实施文明乡风建设工程。优化英模人物宣传学习机制，创新爱国主义教育和各类群众性主题活动组织机制，推动全社会崇尚英雄、缅怀先烈、争做先锋。构建中华传统美德传承体系，健全社会公德、职业道德、家庭美德、个人品德建设体制机制，健全诚信建设长效机制，教育引导全社会自觉遵守法律、遵循公序良俗，坚决反对拜金主义、享乐主义、极端个人主义和历史虚无主义。形成网上思想道德教育分众化、精准化实施机制。建立健全道德领域突出问题协同治理机制，完善“扫黄打非”长效机制。

理想信念是中国共产党人的精神支柱和政治灵魂。理想信念的确立和巩固是一个长期、复杂、渐进的过程，必须注重实效、久久为功。通过持续抓好党史、新中国史、改革开放史、社会主义发展史、中华民族发展史宣传教育，引导人民知史爱党、知史爱国，进一步推动理想信念教育常态化制度化。同时，统筹推进理想信念教育机制、价值观培育机制、文明培育机制、公民道德建设机制的改进创新，使全党全社会在理想信念、价值理念、道德观念上紧紧团结在一起，汇聚奋进新征程的强大精神力量。

（一）用社会主义核心价值观凝心聚力

习近平总书记指出：“通过教育引导、舆论宣传、文化熏陶、实践养成、制度保障等，使社会主义核心价值观内化为人们的精神追求、外化为人们的自觉行动。”①党的十八大以来，党中央先后印发《关于培育和践行社会主义核心价值观的意见》等一系列重要文件，对社会主义核心价值观制度建设作出明确部署，培育和践行社会主义核心价值观的体制机制基本形成。

以法律政策体系为例，2018 年 5 月，党中央印发《社会主义核心价值观融入法治建设立法修法规划》，明确规划社会主义核心价值观全面融入中国特色社会主义法律体系的战略目标，推动社会主义核心价值观融入法律法规的立改废释全过程，把实践中得到广泛认同、较为成熟、操作性强的道德要求及时上升为法律规范。建立社会主义核心价值观入法入规协调机制，规范社会主义核心价值观入法入规审查工作，完善推动社会主义核心价值观融入审判执行工作的配套机制，推进社会主义核心价值观融入

① 习近平：《在文艺工作座谈会上的讲话》，人民出版社 2015 年版，第 23 页。

裁判文书释法说理，全面推动社会主义核心价值观融入科学立法、严格执法、公正司法、全民守法各环节。

在这一制度的规范下，最高人民法院及地方各级人民法院发布弘扬社会主义核心价值观典型案例。2023 年最高人民法院发布第三批大力弘扬社会主义核心价值观典型民事案例，如以探望权纠纷案为例阐明丧子老人可对孙子孙女“隔代探望”的权利，弘扬中华民族尊老爱幼的传统美德。

近年来，全国各地以社会主义核心价值观为引领，统筹推进文明培育、文明实践、文明创建工作，积极探索工作体系的改进创新。作为全国首批试点，广东省博罗县的新时代文明实践基金作为典型案例入选《建设新时代文明实践中心工作方法 100 例》，其创新举措可资借鉴。

新时代文明实践基金最初是为解决文明实践的资金保障问题而设计。2019 年 7 月，挂靠博罗县慈善总会先行一步设立“博罗县新时代文明实践基金”。2020 年 7 月，由市民政部门批准成立文明实践基金会，选聘老干部、企业家、志愿者代表组建基金理事会、监事会，基金会实现实体化运作。截至 2023 年，博罗县文明实践基金已募集到账资金 4102 万元，使用 1523 万元。基金会严格按照规范使用资金，主要用于支持阵地建设、队伍培育、项目发展和品牌打造等。

以文明实践基金为支撑，博罗县先是在县域范围内开展大规模群众需求调研活动，形成“需求清单”，建立项目库。之后开展公益创投大赛，定向命题孵化文明实践志愿服务项目，并配备专家智库团队，动态化跟踪项目实施进度和成效，以专项支持培训、定向督导等路径赋能项目建设和团队成长，共培育出“三号同行”“我爱微宣讲”“经典传唱”“美丽乡村健康行”以及一村一歌、爱心护学、农民趣味运动会等特色项目共 202 个，重点解决群众所急所需。

截至 2023 年，博罗县已建成新时代文明实践中心 1 个、实践所 17 个、实践站 377 个，覆盖率达到 100%，拓展建设实践基地 20 个、实践点 151 个、实践户 72 个，开展文明实践活动 57883 场次。全县共有注册志愿者 23.13 万人，平均每 6 名市民中就有 1 名志愿者，志愿服务组织 1806 个，发布学雷锋志愿服务项目 49035 个，累计服务群众达 200 万人次。

博罗县取得这一成效，得益于全县坚持“一盘棋”统筹规划，健全坚强有力的组织领导体系。严格落实“一把手工程”，由县委书记亲自挂帅，各实践所（站）“一把手”也分别由各级书记担任，形成“抓书记、书记抓”的工作机制。

在此基础上，博罗县注重标准化规范化建设，印发《新时代文明实践所（站）标准化建设指导意见》等文件，明确实践所（站）的场所设施、服务功能、管理制度，推出“十有标准”指导全县文明实践所（站）开展对标建设。注重强化阵地建设，整合各类公共文化服务设施及资源力量，打造全面覆盖的文明实践

“大中心”，如整合县图书馆、县好人馆等资源，建立了县新时代文明实践中心综合馆。注重志愿者队伍建设，创新构建“全过程”培养机制，引入专家团队提升志愿服务及管理能力。

由上可见，新时代培育和践行社会主义核心价值观，需要进一步加强制度建设，如健全有力有效的组织领导体系和工作体系，统筹规划、全面推进各领域各部门各群体的价值观培育践行工作。完善宣传教育工作机制，加强对青少年的教育引导，特别是在移动互联网时代，引导青少年树立正确的世界观、人生观、价值观，系好人生第一粒扣子。完善实践养成工作机制，强化阵地建设，推动文明实践阵地的标准化规范化建设，着力打造新时代文明实践圈。创新组织形式，加强调查研究，组织开展人民群众喜闻乐见的文明实践活动，把社会主义核心价值观融入日常、化作经常。推动社会主义核心价值观融入法律法规的立改废释全过程，为人民群众自觉践行社会主义核心价值观提供有力的法治保障。

（二）让文明春风吹拂和美乡村

推动乡村文化振兴是一个涵盖思想政治引领、科学文化宣传、公序良俗培育等多方面内容，涉及法律法规、政策制度、体制机制、保障条件、组织管理等多方面要素，需要充分调动相关党政部门、农村基层党组织和村民自治组织、各类群团组织等多方面力量的系统工程。因此，实施文明乡风建设工程，就是要以体系化、工程化的思维和要求，着力推动乡村文化建设完善制度、健全机制、拓展渠道、优化资源配置，为提高乡村文化振兴工作水平探索重要经验，发挥示范引领作用。

当前，广东正深入开展农村精神文明创建五大行动，即村庄清洁行动、农房风貌品质提升行动、乡村文化空间营造提升行动、文旅融合特色村镇建设行动、农村移风易俗深化治理行动，通过统筹推进文明培育、文明实践、文明创建来全面加强农村精神文明建设，推进农村移风易俗，培育向上向善、刚健朴实的文化气质，建设“干干净净、整整齐齐、长长久久”的美丽乡村。

绿色生态、干净整洁，才能宜居宜业、长长久久。为改变农村“脏、乱、差”现象，解决“屋内现代化，屋外脏乱差”的问题，广东深入推进村庄清洁行动，开展农村环境卫生整治。人居环境更“靓丽”，群众生活才更有“品位”，镇村发展才更有“底气”。截至 2023 年 8 月，广东已有 90% 以上村庄达到干净整洁村标准，推窗见绿、四时常绿、处处皆绿的生态美景正在南粤大地上竞相涌现。①

美丽乡村催生美丽经济。在干净整洁、生态宜居的基础上，一方面充分利用家门口的闲置空间，打造漂亮美观的“四小园”，既提升村庄风貌，又激活村民参与乡村振兴的主人翁意识，如各地深入推进“美丽庭院”创建工作，

① 《广东深入开展农村精神文明创建五大行动　文明乡风劲吹南粤沃野　锦绣田园谱写发展新篇》，《南方日报》2024 年 8 月 8 日。

将生态宜居、园林设计、家风传承等元素融入其中，鼓励农户扮靓家门口的小生态空间；另一方面，盘活当地农文旅资源，保护传承岭南乡村文化，带动乡村产业发展。我省有不少历史悠久、风貌独特的古镇古村，保存着广府、客家、潮汕、雷州及少数民族等多元风格。保护修缮传统建筑，提炼利用其中文化符号，着力打造富有岭南风貌、蕴藏人文历史的“品质农房”和特色村镇，进而带动乡村旅游景区建设提升，拓展乡村文旅新业态，带动乡村产业兴旺发展。

广东省“最美庭院”示范户

乡村振兴，既要塑形，也要铸魂。在物质利益需求之外，营造文化空间，满足农民群众日益增长的精神文化需求亦是重点工作。大力实施乡村文化空间营造提升行动，加强乡村文化空间规划布局，营造更多有特色、有品位、可持续发展的乡村文化空间，进而引导村民开展健康向上的文化活动。大力实施农村移风易俗深化治理行动，结合农民群众思想实际，深入开展习近平新时代中国特色社会主义思想主题教育，教育引导农民群众更加坚定地听党话、感党恩、跟党走，因地制宜推进移风易俗，倡导婚事新办、丧事简办、从简办席，遏制高价彩礼、大操大办、厚葬薄养等陈规陋习，培育文明乡风、良好家风、淳朴民风，推动农村实现由表及里、形神兼备的全面提升。

（三）用道德力量引领社会“向上向善”

国无德不兴，人无德不立。2019 年，中共中央、国务院印发《新时代公民道德建设实施纲要》，旨在以社会公德、职业道德、家庭美德、个人品德建设为着力点，传承中华传统美德，持续强化教育引导、实践养成、制度保障，抓好网络空间道德建设，不断提升公民道德素质，促进人的全面发展，培养担当民族复兴大任的时代新人。其中，健全的体制机制是推动道德建设纵深推进的重要保障。

传承中华传统美德是一项系统工程。自党的十八大以来，中华传统美德的深刻内涵得到系统阐发，实践养成的制度保障不断加强，如把家风建设纳入领导干部的作风建设中，充分彰显中华传统美德在当代的生命力。为进一步推动中华传统美德的传承，需要完善中华传统美德研究阐释、教育引导、实践养成的体制机制，让研究既能立足于当代实践、解决当代道德问题而开展，又能打通其成果转化环节，推动研究成果更好地传播，融入社会公德、职业道德、家庭美德、个人品德建设的体系当中，成为人们的生活习惯。

英烈是一个国家、一个民族的脊梁，是有着崇高理想信念、高尚道德情操的模范典型。

一个社会要有向上向善、刚健朴实的正气、英雄气，就必须加大力度落实《中华人民共和国英雄烈士保护法》和《烈士褒扬条例》，优化英模人物宣传学习机制，创新爱国主义教育和各类群众性主题活动组织机制，推动全社会崇尚英雄、缅怀先烈、争做先锋。

网络空间已成为人们生活的新空间，是当前道德教育的新阵地。群体分层化、内容差异化、平台多样化是这一空间的新特征。要真正占领网络思想政治教育新阵地，把网络空间塑造成凝心聚力、引领风尚的新空间，光靠“漫灌式”、被动式的工作方法是很难取得成效的。适应互联网思维，构建网上思想道德教育分众化、精准化实施机制尤为必要。对此，充分运用大数据等新技术，界定思想道德教育对象层级，根据数据生成目标画像。建立健全思想道德教育内容分层转化机制，根据不同群体需求制作生成不同内容，实现精准的内容推送、有效的思想教育。

聚焦道德领域突出问题治理，如诚信缺失、

食品安全等领域群众反映强烈的突出问题，涉及领域广、部门多，要综合施策、标本兼治，运用经济、法律、技术、行政和社会管理、舆论监督等手段，建立健全道德领域突出问题协同治理机制。

以诚信建设为例，党的十八大以来，以习近平同志为核心的党中央高度重视诚信建设，社会信用体系建设日益完善，整个社会诚信文化向上向好。近年来，广东多部门联合推进社会信用体系建设。强化信用基础设施建设，着力打造省、市公共信用信息平台和行业信用信息平台一体化建设。完善信用制度和标准体系，构建诚信建设长效机制。完善政务诚信评价指标，持续开展失信政府治理。成功创建广州、深圳、佛山、惠州、东莞、中山 6 个国家社会信用体系建设示范城市，广州连续 3 年入选全国“诚信兴商”案例最多城市，发挥示范城市的引领作用，带动提升区域信用建设水平等。

总的来说，加强制度建设，健全体制机制，打通行政壁垒，建立健全协同治理机制，是当前阶段深入实施公民道德建设工程的重要内容。对此，必须进一步健全社会公德、职业道德、家庭美德、个人品德建设体制机制，健全诚信建设长效机制，教育引导全社会自觉遵守法律、遵循公序良俗，坚决反对拜金主义、享乐主义、极端个人主义和历史虚无主义，涵养向上向善、刚健朴实的文化，让文明之花开遍南粤大地。

第二章　惠风和畅：优化文化服务和文化产品供给机制

文化是凝心聚力的精神纽带，也是增进民生福祉的关键因素。习近平总书记指出：“没有社会主义文化繁荣发展，就没有社会主义现代化。”[①] 提供高质量、多种类的文化服务和文化产品，是一个时代文化发展的重要标志，也是满足人民精神文化需求、丰富人民精神文化生活的必然要求。《决定》提出“优化文化服务和文化产品供给机制”。文化服务和文化产品供给机制是现代文化产业体系和市场体系的重要组成部分，包括文化服务和文化产品的生产、

① 《习近平谈治国理政》第 4 卷，外文出版社 2022 年版，第 309 页。

流通、分配等机制，是文化资源配置的重要途径。我们要深入学习贯彻《决定》精神，坚持马克思主义在意识形态领域指导地位的根本制度，坚持为人民服务、为社会主义服务，坚持百花齐放、百家争鸣，坚持创造性转化、创新性发展，不断优化文化服务和文化产品供给机制，推动文化事业和文化产业繁荣发展，不断丰富人民精神文化生活。

一、让文化“惠民”更“悦民”

《决定》提出，完善公共文化服务体系，建立优质文化资源直达基层机制，健全社会力量参与公共文化服务机制，推进公共文化设施所有权和使用权分置改革。

优化公共文化服务供给机制是构建多元化、精准化的文化服务体系的关键所在，其核心在于达成政府、群众与社会三者之间的良性互动与协同共治。进入“十四五”时期，全国公共文化服务进入高质量发展阶段，人民群众对高品质公共文化产品的需求也日益增长，公共文化服务需求已经从“有没有”“缺不缺”向“好不好”“精不精”转变。

党的十八大以来，我国公共文化服务发展较快，公共文化服务体系建设和体制机制创新深入推进，制定实施《中华人民共和国公共文化服务保障法》，以标准化、均等化建设为抓手，覆盖城乡的公共文化服务设施网络基本建立，公共文化服务效能明显提高，人民群众精神文化生活不断改善。同时也应看到，与当前经济社会发展水平和人民群众日益增长的美好精神文化需求相比，与基本建成现代公共文化服务体系的目标要求相比，公共文化标准化、均等化建设的水平还有待改进提高。

新征程上，我们要深入学习贯彻习近平文化思想，从为全面建设社会主义现代化国家、全面推进中华民族伟大复兴提供坚强思想保证、强大精神力量、有利文化条件的战略高度，进一步提升公共文化服务供给质量和水平，不断丰富人民精神世界、增强人民精神力量。

（一）建立优质文化资源直达基层机制

让文化沉下去，让民心升起来。这是新形势下加强和改进公共文化服务体系建设的重要举措，对于满足广大人民群众日益增长的精神文化需求、促进人民精神生活共同富裕具有重要意义。

优质文化生活是人民群众美好生活的重要组成部分。随着我国经济社会发展水平不断提升，特别是在全面建成小康社会、实现第一个百年奋斗目标之后，广大人民群众的精神文化需求更加强烈、更加丰富多样。一些群众还是觉得基层公共文化服务不够"解渴"，特别是难以接触到较高品质的优质文化资源，这也反映出当前各级公共文化服务体系建设还需要进一步下移重心、下沉资源。建立优质文化资源直达基层机制，有利于进一步增强优质文化资源的均衡性和可及性，为人民群众提供更高质量、更有效率、更加公平、更可持续的公共文化服务，使城乡居民更好参与文化活动，培育文艺技能，享受文化生活，激发文化热情，增强精神力量。

一是建设城乡一体的公共文化服务体系。在党的领导下，坚持政府主导、社会参与、重心下移、共建共享，深入推进公共文化服务标准化建设，统筹推进公共文化服务“硬件”和“软件”建设，完善基层公共文化服务网络。推动城乡公共文化服务资源整合，引导优质文化资源更多地向基层一线下沉，向农村倾斜，向革命老区、民族地区、边疆地区倾斜，向特殊群体倾斜。推动各级各类图书馆、文化馆、博物馆、美术馆、非遗馆等建立联动机制，加强总分馆制建设，引领基层文化服务建设系统化发展，丰富镇村两级流通共享的公共文化产品和服务。健全城乡文化交流常态化工作机制，大力发展农村公益电影发行放映、“红色文艺轻骑兵”等城乡流动文化服务。着力解决当前全民健身公共服务存在的发展不充分不均衡等问题，不断增强人民体质，提高全民健康水平。

二是完善基层公共文化服务供需对接机制。

建立群众文化需求征集和反馈机制，推动“群众点单”和“政府买单”更好对接，创新实施文化惠民工程，促进优质文化资源有效融入城乡公共文化空间和群众日常生活，打通基层公共文化服务“最后一公里”。改变过去“政府办、群众看”的公共文化供给模式，让群众自主“点菜”，采取个性化、“订单式”服务，满足群众的多元需求，给群众自主选择权。群众需要怎样的公共文化服务，我们就精准对接、按需提供，不断满足人民对精神文化的需求，深入实施文化惠民服务，让人们在丰富多彩的文化生活中不断增强获得感、幸福感，为推动经济社会发展凝聚团结奋斗的精神力量、提供丰厚的文化滋养。探索开展“自下而上、以需定供”的互动式、菜单式公共文化服务，举办区域性公共文化产品和服务采购大会、“公共文化服务超市”等配送活动，实行集中高效的配送与运营，持续开展“艺美乡村行动”，组织优质艺术资源下基层巡展巡演；用好广东省流动博物馆平台，完善“以需定供”的菜单式普惠展览，着力提高基层公共文化服务效能。鼓励社会力量积极参与基层公共文化服务，稳妥推动基层文化设施社会化运营，不断增强基层公共文化服务创新活力。

三是强化各级公共文化服务数字化赋能。面对文化数字化的时代主题，党的二十大报告指出，实施国家文化数字化战略，健全现代公共文化服务体系，创新实施文化惠民工程。文化数字化紧紧围绕更好满足人民群众精神文化需求，加快推进文化服务和数字技术深度融合，顺应数字产业化和产业数字化发展趋势，加快发展新型文化业态，改造提升传统文化业态，提高质量效益和核心竞争力。运用数字技术整合文化资源，打通各层级公共文化数字平台，打造公共文化数字资源库群，建设国家文化大数据体系，建设智慧图书馆、智慧博物馆、智慧广电等数字化服务平台，积极发展云展览、云阅读、云视听、云体验，推进农家书屋数字化建设，让广大人民群众通过“云端”“指尖”直接对接多样化、精准化、高质量的公共文化服务。广东运用数字技术融合文化资源，打造“文化广东”省级一站式数字文化服务平台，依托“粤读通”数字服务工程，推进省域公共图书馆服务一体化发展，依托“文化在线”创新全民艺术普及新业态应用场景。

四是推动“送文化”与“种文化”有机结合。坚持“输血+造血”，在送种结合中激活基层文化“新动能”，推动文化服务更加走心聚力，营造全民参与、共建共享浓厚氛围。加大对基层群众文化活动的扶持引导力度，积极提供艺术指导、场地、安全、城市管理等方面的便利，鼓励各级各类文化单位与城乡基层“结对子、种文化”，开展全民艺术普及，培育扎根基层的群众文艺团队，建设精干高效的基层文化人才队伍，加强群众文化活动品牌建设，充分发挥“群星奖”等示范作用，推动群众文艺精品创作，增强城乡基层文化建设自我发展、自我服务功能。广东各地市创新开展“村晚”“村超”“村 BA”“龙舟赛”等群众性文化活动，开展乡村歌手大赛、“岭南文脉·薪火相传”、“讲村史展村史传村史”多彩乡村实践等活动，英歌舞跳起来，客家山歌唱起来，呵护和培育群众文化热情，让基层文化绽放出独具岭南特色、缤纷绚丽的万千花朵。

2024 广东乡村歌手大赛在广州海心沙正式启动

（二）健全社会力量参与公共文化服务机制

推动社会力量参与公共文化服务，是政府在保障人民群众基本文化权益基础上，为人民群众提供多元化、个性化、品质化公共文化服务的重要手段。当前公共文化服务进入高质量发展新阶段，社会力量已经成为我国公共文化服务体系建设中不可或缺的重要参与力量。

社会力量是指除政府机关和下属文化事业单位以外的个人和组织，主要包括企业、非营利性组织、公益单位和个体等。长期以来，我国公共文化服务主要由各级政府及其事业单位提供，不但公共文化服务的提供主体和提供方式单一，公共文化服务供给不足、效率不高，不能满足人民群众日益增长的文化需求，而且在这种“政府出钱办，群众围着看”的传统公共文化服务模式中，人民群众只是消极被动的享受者，不能激发公共文化服务的社会活力和创造力，也限制了公共文化服务效能的提升。要让人民群众享有更加充实、更为丰富、更高质量的精神文化生活，除了需要政府相关职能部门和单位提供基本公共文化服务以外，更需要进一步引入社会力量参与多元化、个性化、品质化公共文化服务供给。《中华人民共和国公共文化服务保障法》第四十二条规定“国家鼓励和支持公民、法人和其他组织通过兴办实体、资助项目、赞助活动、提供设施、捐赠产品等方式，参与提供公共文化服务”。社会力量参与公共文化服务是指社会力量不以营利为目的，参与公共文化设施建设、公共文化产品供给、公共文化设施管理运行，面向社会公众提供免费或优惠的公共文化服务。[①] 要有效推动社会力量参与公共文化服务，关键是要处理好政府、市场和社会的关系，使三者通过合作共赢共治来促进公共文化服务高质量发展。

要完善社会力量参与公共文化服务的配套体系。要进一步细化实化社会力量参与公共文化服务的配套政策和相关法规，抓紧制定专项指导意见，明确社会力量参与公共文化服务的内容、方式和途径，明晰政府和社会力量各方的权责边界，建立健全社会力量参与公共文化

① 陆和建、姜丰伟：《社会力量参与公共文化服务建设的创新性动力机制研究》，《农业图书情报学报》2020 年第 7 期。

服务的准入和退出标准、考核约束和表彰激励规则，使社会力量参与公共文化服务有章可循，提高工作实施中的规范性和可操作性。要建立配套的资金保障制度，鼓励各级财政设立社会力量参与公共文化服务专项扶持资金，主要用于以奖代补、政府采购、志愿者补助等。要完善文化和旅游志愿服务机制，加强文化和旅游志愿服务制度化、规范化、专业化建设，完善志愿者准入、组织、管理、激励、退出等机制，建立星级文化和旅游志愿者认证制度；通过先进宣传、荣誉表彰、补助奖励等方式，增强文化和旅游志愿服务吸引力，从而激励和引导更多社会力量自愿积极地参与公共文化服务。

要进一步深化文化事业单位内部改革。要通过改革，推动文化事业单位拓展职能。一方面要进一步加强面向基层群众创作、生产和供给优质文化产品能力；另一方面要增强面向社会对群众性文化活动的指导、帮扶和服务职能，成为公共文化活动的辅导者和组织者。这既可以让财政少花钱、单位少出人，又能做成更多的群众满意的实事好事。另外，要推进公共文化设施所有权和使用权分置改革，进一步推动文化等事业单位所属的公共场所和设施向全社会开放，为各种公益的文艺体育等活动提供便利，做到少收费，甚至不收费，以此最大限度地盘活公共资源，降低活动成本，提高服务效率。

要创新对各类群众性文化活动的引导、扶持和组织机制。在群众文化活动的组织过程中，要尊重群众的自主创造性和多样化需求，扩大群众的参与度，让群众在自我服务、自我组织中变被动参与为主动参与，以此提升他们的满意度和获得感。对群众积极参与自发组织，又能积极向上、效果良好的文化活动，要通过以奖代补等方式给予扶持；对参与服务作出贡献的企业、社团和个人，要予以表彰。但同时也要发挥政府的监管职责，加强对群众文化活动的引导和把关，对重大文化活动的内容事前要审核、事中要监督，确保活动健康有益、文明合规。要为社会机构和群众组织的公益性文化活动和场地设施的投入，提供必要补贴和税收减免，以撬动社会资源和民间力量更加主动、自愿地参与到群众文化活动中来。[①]

2024 年 11 月 28 日，广东修订通过了《广东省公共文化服务促进条例》，推进社会力量参与公共文化设施运营管理、社会力量自办文化、公共文化设施开展普惠性非基本公共文化服务等创新工作。政府和社会力量是推动公共文化服务高质量发展不可或缺的两个部分，在确保政府有为、强化保障的前提下，加快推动社会力量参与公共文化服务，能有效优化公共文化供给侧结构性改革，为人民群众提供更为丰富的多元化、个性化、品质化的公共文化服务供给，不断提升人民群众公共文化获得感、满意度和幸福感。

---

① 《健全社会力量参与公共文化服务机制　提高文化产品和文化服务供给能力》，《人民政协报》2024 年 8 月 5 日。

（三）广东推动公共文化服务高质量发展

党的十八大以来，以习近平同志为核心的党中央将加快构建现代公共文化服务体系纳入“四个全面”战略布局，明确了在全面建成小康社会决胜阶段公共文化服务体系建设的主要目标、任务和途径。广东大力推动公共文化服务高质量发展，将公共文化服务体系建设工程列为文化强省建设十项工程之一，列入省委、省政府重要工作部署，统筹推进城乡公共文化服务体系一体化建设。

近年来，广东着力提升公共文化服务效能，不断满足人民美好精神文化生活新期待，大力推进文化惠民，将文化强省建设取得的丰硕成果，切实转化为南粤百姓的文化获得感、幸福感。

广东美术馆、广东非物质文化遗产展示中心、广东文学馆“三馆合一”矗立在荔湾白鹅潭，其外形宛如一艘巨轮，寓意满载岭南文化艺术瑰宝从珠江边扬帆起航；深圳“新时代十大文化设施”建设如火如荼，智慧图书馆成为城市亮丽风景线；“粤书吧”等新型阅读空间在南粤大地如雨后春笋般涌现，佛山邻里图书馆项目摘得国际图书馆协会联合会2020年国际营销奖第一名……

“在全面建设社会主义现代化国家新征程中，广东要高水平打造一批体现广东特色、中国风范、国际水平的标志性文化设施。”广东省文化和旅游厅负责同志说。

《广东省全民阅读促进条例》实施以来，全省各地按照“一市一品牌、一地一特色”的要求，打造富有地域特色的全民阅读活动品牌。截至目前，全省已有4个大型阅读品牌入选全民阅读优秀项目，分别为南国书香节、广州读书月、深圳读书月以及中山读书月。全民阅读在南粤大地蔚然成风，以广州为例，截至2020年底，全市平均每5.2万人拥有一座图书馆。2020年，湖北籍务工人员吴桂春给东莞图书馆的深情留言“余生永不忘你”刷屏网络，感动万千网友。

2023年11月，第二十四届深圳读书月拉开帷幕，在为期一个月的时间里，以“阅历史文脉　读现代文明”为主题，突出“全域、全景、全民、全媒”实施特色，进一步打通、调动资源，在全市各区均设置分会场，推进全民阅读进基层、进系统、进机关、进一线、进场所，关注新业态、新就业群体阅读需求，关注未成年人、大学生阅读习惯，为市民提供“处处可读、时时可读、人人可读”的文化条件。缤纷多彩的阅读活动席卷鹏城，梦想之城处处弥漫文化气息。

佛山南海区，小女孩“闹闹”的家变身“小橘灯下”邻里图书馆，墙壁上挂着众多卡通绘画，旋转式书架上摆满了儿童绘本……“小橘灯下”迄今已组织近百场国学演出、亲子故事会活动等，成为远近孩子的精神乐园。如今，佛山有邻里图书馆1309家。2020年7月，该项目荣获国际图书馆协会联合会2020年国际营销奖第一名，是我国公共图书馆界首次获得该项桂冠。

随着岭南书院、“粤书吧”、深圳智慧书房、韶关风度书房、中山书房、河源槎城书吧等4000多家新型阅读空间、文化空间在南粤大地涌现，广东文化惠民之“网”越织越密。

广东省委、省政府在《广东省建设文化强省规划纲要》中，明确将图书馆、文化馆、博物馆“三馆”建设，纳入全面建成小康社会考核。以满足人民精神文化需求为核心，广东不断推进公共文化服务提质增效。“十三五”期间，广东共投入公共文化财政资金29.6亿元，位居全国首位。截至目前，广东建成县级以上公共图书馆150个、文化馆144个，乡镇（街道）综合文化站1619个，行政村（社区）综合性文化服务中心26011个，基本实现省、市、县、镇、村五级公共文化设施全覆盖。

广东一手提升公共文化服务效能，一手抓住数字时代发展机遇，以新技术手段打通公共文化服务的“任督二脉”。疫情期间，各大文化场馆纷纷闭馆，线下公共文化服务按下“暂停键”，但广东的文化生活并没有“打烊”，居民可足不出户享受“云上”文化大餐，体验直播逛展、数字阅读、云上课堂、线上看秀等，广东各公共文化场馆顺应“互联网+”新趋势，为公众提供了种类丰富、品质优异的线上文化产品。

“广东逐步建成省级综合性公共数字文化服务架构，打通各级文化场馆数字平台的壁垒，让优质文化资源‘活’起来，实现城乡民众共享。”省文旅厅相关负责人说。发挥科技创新优势，广东的公共文化服务正走上“云端”、触及“指尖”、送达基层，以更多元的形态、更优质的内容、更个性化的定制服务，滋养南粤百姓的精神文化生活。

近年来，广东打造“同饮一江水——劳动者歌唱大赛”、广东省群众艺术花会等一批省级文化惠民品牌，涌现出广州“羊城之夏”、深圳“鹏城金秋”、清远“乡村村晚”、云浮“农村村晚”等一系列富有地方特色的群众文化品牌活动。

琳琅满目的群众文体活动，为文艺爱好者

搭建圆梦“舞台”，也为运动达人开启各类赛事“跑道”。近年来，粤港澳大湾区 11 城市 48 公里徒步大会、穗港杯毽球锦标赛、大湾区传统武术交流赛等知名群众性赛事蓬勃开展，打造湾区群众共融共享盛会，同频共振加强湾区“向心力”。

邂逅图书馆

2021 年初出台的《粤港澳大湾区文化和旅游发展规划》提出，粤港澳大湾区将提升公共文化服务水平，推进公共文化服务体系一体建设和数字化建设，加强粤港澳大湾区群众艺术交流合作等。广东积极打造大湾区群众共同参与、共同分享的文化品牌活动、文体嘉年华活动，带动湾区民众同频共振。“十四五”时期，广东继续打好

“湾区牌”，打造湾区各城市同频共振的文化体育嘉年华，为粤港澳大湾区建设贡献强有力的“文化力量”。文化甘霖润民生，广东文化惠民之“网”越织越密，文化强省建设成果切实转化为南粤百姓满满的获得感，绘就一幅幅文化小康的生动画卷。

2023 年 2 月，全国推进公共文化服务高质量发展工作会议召开，“广东省深圳市盐田区高品质智慧书房服务体系：以‘人·书·馆·城’四位一体涵养山海人文栖居地”案例被中央宣传部、国家发展改革委、文化和旅游部三部委联合评选为“全国基层公共文化服务高质量发展典型案例”。

二、让文艺百花园为人民绽放

《决定》指出，坚持以人民为中心的创作导向，坚持出成果和出人才相结合、抓作品和抓环境相贯通，改进文艺创作生产服务、引导、组织工作机制。

文艺为什么人的问题，是一个根本的问题、原则的问题。习近平总书记强调："广大文艺工作者要坚持以人民为中心的创作导向，把人民放在心中最高位置。"[①] "社会主义文艺，从本质上讲，就是人民的文艺。""文艺不能在市场经济大潮中迷失方向，不能在为什么人的问题上发生偏差，否则文艺就没有生命力。"[②] 源于人民、为了人民、属于人民，是社会主义文艺的根本立场，也是社会主义文艺繁荣发展的动力所在。坚持以人民为中心的创作导向是习近平文化思想的重要内容，是人民至上的价值追求在宣传思想文化事业中的具体体现，充分彰显了我们党的性质宗旨和初心使命。广大文艺工作者要深入学习贯彻习近平文化思想，牢固树立以人民为中心的创作导向，深深扎根人民、热情讴歌人民、始终服务人民，努力创作更多

---

① 习近平：《在中国文联十一大、中国作协十大开幕式上的讲话》，人民出版社 2021 年版，第 7 页。

② 习近平：《在文艺工作座谈会上的讲话》，人民出版社 2015 年版，第 13、9 页。

无愧于时代的优秀作品，不断满足人民精神文化需求、增强人民精神力量，让文艺的百花园永远为人民绽放。

党的十八大以来，在习近平文化思想的指引和激励下，我国在文学艺术创作方面取得了丰硕成果，为奋进新征程、建功新时代提供了强大精神养分。同时要清醒地看到，当前文艺创作生产依然存在有数量缺质量、抄袭模仿、千篇一律、低俗庸俗等问题，需要进一步加强服务、引导、组织工作。改进文艺创作生产服务、引导、组织工作机制，就是要深入贯彻习近平文化思想，坚持“二为”方向和“双百”方针，坚定文化自信，坚持以人民为中心的创作导向，坚持出成果和出人才相结合、抓作品和抓环境相贯通，推出更多增强人民精神力量的优秀作品，造就规模宏大的文化文艺人才队伍，进一步推动我国文艺事业从“高原”向“高峰”跃升。

（一）改进文艺创作生产服务工作机制

加大各级政府对文艺创作生产的投入和扶持力度，切实用好文化领域国家基金和专项资金，落实相关优惠政策，为广大文艺人才和文艺工作者创作生产提供税费减免、资金扶持、场地设施服务、活动组织管理等便利和支持。完善创作项目复盘机制、奖惩机制和审核把关机制，强化剧目策划中心在创作选题、剧本孵化、创排把关论证等环节的服务作用。广东正逐步完善“一团一场”基础配套，加大主创人才引进和青年人才培养，加快建设剧院联盟，强化省演出公司演出院线和演出经纪作用，打造精品推介和演出平台，整合优质资源打造广东舞美中心，服务全省剧目创排。联合抖音、酷狗等线上平台拓展线上演艺，加强线上宣推造势。办好文学周、电影节、艺术展、文艺会演等各类展演活动，充分利用报刊、广播电视和网络等各类媒体渠道，为优质文艺作品提供更多集中展示平台。强化各级文联、作协系统服务保障职责和功能，帮助广大文艺人才和文艺工作者深入基层、深入一线开展创作实践活动，进行经常性交流研讨，提高文艺创作生产能力和水平。加强版权保护和开发利用，打击盗版侵权行为，保护文艺创作生产者合法权益。

梧高风必至，花香蝶自来。培育形成规模宏大的优秀文化人才队伍，需要“目中有人”，将人才培育作为重要任务。吸引人才、留住人才、用好人才，关键在于营造拴心留人的发展环境。这需要全面深化人才发展体制机制改革，加快形成有利于人才成长的培养机制、有利于人尽其才的使用机制、有利于人才各展其能的激励机制、有利于人才脱颖而出的竞争机制。大兴识才爱才敬才用才之风，完善要素参与收入分配机制，赋予科研人员更大的技术路线决定权、经费支配权、资源调度权和成果转化受益权，才能形成见贤思齐、群贤毕至的良好局面。

（二）改进文艺创作生产引导工作机制

坚持社会主义先进文化发展方向，引导广大文艺人才和文艺工作者自觉坚持以人民为中心，大力弘扬社会主义核心价值观，创作生产更多无愧于时代、无愧于人民、无愧于民族的文艺精品。坚持把社会效益放在首位、社会效益和经济效益相统一，完善对各类文艺企事业单位和团体的考核评价机制。广东改革艺术创作生产扶持模式，突出以演出为中心环节，通过采取非足额补贴创排环节引导院团形成市场意识和成本核算意识，通过加大演出环节补助调动院团开展市场化演出的积极性。出台《关于推动新型演艺空间发展的指导意见》，以广州、深圳为中心，辐射全省，打造演艺之都。从需求侧一端，引导文艺院团创作向低成本、小型化转变，推动创作主体多元化和演出剧目市场化。

加强文化领域职业道德建设和行风建设，加强和改进文艺评论工作，建强管好各类文艺阵地和文化创作生产传播平台，倡导讲品位、讲格调、讲责任，抵制低俗、庸俗、媚俗。深化影视业综合改革和文娱领域综合治理，加强对明星代言行为、违法失德艺人的规范管理，引导和规范网络直播等健康发展。健全“扫黄打非”长效机制。

（三）改进文艺创作生产组织工作机制

完善文艺创作生产规划，实施文艺作品质量提升工程，发挥重点选题、重大项目引领带动作用，抓好重大现实题材、重大革命和历史题材、新时代发展题材、国家重大战略题材、爱国主义题材、青少年题材、军事题材的创作生产，建立重点创作项目跟踪推进机制，加强全流程质量管理。广东省完善剧目策划中心运作机制，增强对全省创作的引领、统筹与辐射力。探索推动省市共建、团企合作开展创作生产，鼓励项目制、股份制等市场化创作生产组织模式。抓好源头原创，推动好的文学作品向剧本转化，推出更多优秀的网络文化产品和服务。做好各类文艺人才尤其是青年人才培养工作，加强对新文艺群体的引领和组织，把各方面各领域文艺人才聚集到党和国家的文艺事业中来，建设阵容强大的文艺工作者队伍。

三、推动文化产业高质量发展

《决定》明确要求："健全文化产业体系和市场体系，完善文化经济政策。探索文化和科技融合的有效机制，加快发展新型文化业态。"这为推动文化产业高质量发展，提供了基本遵循，指明了改革方向。

作为文化产业高质量发展的重要组成部分和建设社会主义文化强国的关键环节，健全现代文化产业体系对于培育壮大文化市场主体、促进产业转型升级、满足人民美好生活需要、增强中华文化传播力影响力意义重大。从党的十八届三中全会提出"建立健全现代文化市场体系"，到党的二十大报告强调"健全现代文化产业体系"，聚焦文化产业体系的系统性、科学性，引导并推动着我国现代文化产业体系的建立和健全。统一开放、竞争有序的现代文化市场体系正在加速形成。然而，由于我国文化市场的“非原生性”，与中央提出的“健全现代文化产业体系”的目标要求和其他产业的现代产业体系相比，现代文化产业体系的建设明显滞后，政府的越位和缺位问题依然突出，市场配置资源的作用受到限制。[①] 文化产业结构失衡、文化企业国际竞争力弱、文化产品和服务质量不高等问题掣肘着我国文化产业的高质量发展。在此背景下，迫切需要找寻加速健全现代文化产业体系的战略抓手。

（一）深化文化领域供给侧结构性改革

加快发展文化产业，是社会主义市场经济条件下丰富文化供给，满足人民多样化、多层次、多方面精神文化需求的基本途径。改革开

① 顾江、陈鑫、郭新茹等：《“十四五”时期健全现代文化产业体系的逻辑框架与战略路径》，《管理世界》2021 年第 3 期。

放的春风为我国文化产业发展带来了契机，1979 年第一家音乐茶座在广州东方宾馆开设，成为新中国文化市场兴起的标志，文化产业概念逐渐成形、快速发展。2003 年，文化体制改革试点工作启动，我国文化产业发展从探索、起步、培育的初级阶段，逐步进入全面提升新阶段，文化产业经济总量保持较快增长。2004 年全国文化及相关产业增加值为 3440 亿元，2022 年增加到 53782 亿元，增长 14.6 倍；文化及相关产业增加值占 GDP 比重由 2004 年的 2.13%提高到 2022 年的 4.46%；2004—2022 年文化产业对 GDP 增量的年平均贡献率为 4.8%。“十四五”规划期间，全国积极推进文化企业发展持续回升向好，文化服务业支撑作用增强，文娱休闲行业快速恢复，文化新业态行业带动效应明显，文化企业经营效益持续提升，文化产业正日渐成长为国民经济支柱性产业。2023 年，文化企业实现利润总额 11566 亿元，比上年增长 30.9%；营业收入利润率为 8.93%，比上年提高 1.55 个百分点。2023 年末，文化企业资产总计 196200 亿元，比上年末增长 7.6%；每百元资产实现营业收入为 68.3 元，增加 0.8 元。（见下表）

2023 年全国规模以上文化及相关产业企业相关指标情况

	绝对值（亿元）	比上年增长（%）	所占比重（%）
一、营业收入	129515	8.2	100.0
其中：文化新业态	52395	15.3	40.5
按产业类型分			
文化制造业	40962	0.6	31.6
文化批发和零售业	20814	6.1	16.1
文化服务业	67739	14.1	52.3
按领域分			
文化核心领域	83978	12.2	64.8
文化相关领域	45537	1.5	35.2
按行业类别分			
新闻信息服务	17243	15.5	13.3
内容创作生产	28262	10.7	21.8
创意设计服务	21249	8.7	16.4

续表

	绝对值（亿元）	比上年增长（%）	所占比重（%）
文化传播渠道	14797	11.9	11.4
文化投资运营	669	24.4	0.5
文化娱乐休闲服务	1758	63.2	1.4
文化辅助生产和中介服务	15468	0.4	11.9
文化装备生产	6282	-2.6	4.9
文化消费终端生产	23787	3.3	18.4
按区域分			
东部地区	101223	8.7	78.2
中部地区	15394	3.6	11.9
西部地区	11688	10.0	9.0
东北地区	1210	5.4	0.9
二、利润总额	11566	30.9	—
三、资产总计（期末）	196200	7.6	—

注：

1. 表中速度均为未扣除价格因素的名义增速。

2. 表中部分数据因四舍五入，存在总计与分项合计不等的情况。

深化文化领域供给侧结构性改革，把握文化产业发展特点规律和资源要素条件，促进形成文化产业发展新格局，需要在以下几个方面用力：

一是突出文化主业，做强做优供给主体。鼓励和引导文化企业立足自身定位，聚焦主业，突出文化内涵，推进内容创新，培育具有自主知识产权、较高市场占有率的产品，打造知名文化品牌，在强化文化主业、形成独特优势中发展壮大。

二是推进业态创新，优化供给结构。通过科技创新促进传统文化产业改造升级，以新技术、新手段、新模式开发激活文化资源，创新文化业态，培育新动能，打造新优势，丰富文化体验，拓展文化发展空间。

三是加强引导规范，优化供给环境。发挥文化经济政策的兜底保障作用，引导推动文化企业用好政策红利，更好地坚持把社会效益放在首位，推出更多精品力作。鼓励各地建好用好政府引导型文化产业投资基金、国有文化投资公司，以资本手段调整文化资源配置，优化产业结构，引导产业发展方向。

（二）培育发展壮大各类文化市场主体

文化企业是文化产业发展的主体，文化企业的质量和水平很大程度上决定了文化产业发展的整体质量和水平。近年来，各地各部门积极推动国有文化企业改革发展，鼓励支持非公有制文化企业发展，引导境外资本依法进入文化领域，各类文化市场主体活力、实力和竞争力显著增强。

从内涵上看，现代文化产业体系包括文化产业结构体系和文化产业赋能体系。文化产业结构体系包括出版产业、音乐产业、影视产业、游戏产业、动漫产业、艺术产业、网络视听等文化行业体系，文化产业已经成为国家战略的重要组成部分，成为建设社会主义现代化强国的重要引擎。（见下图）

2023 年，全国规模以上文化及相关产业企业 7. 3 万家，实现营业收入 129515 亿元，比上年增长 8. 2%。分领域看，文化核心领域实现营业收入 83978 亿元，比上年增长 12. 2%，对全

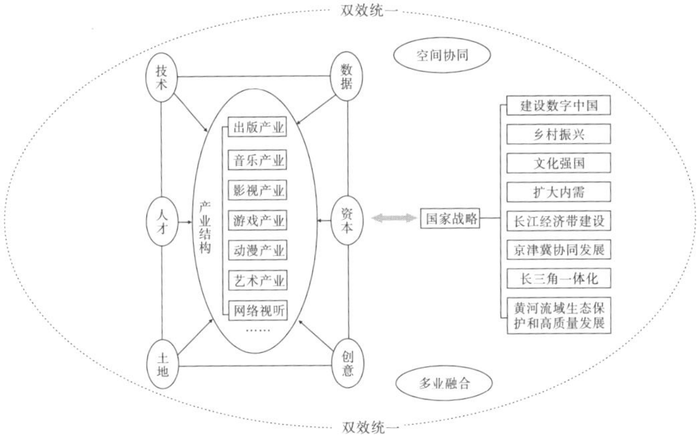

现代文化产业体系内涵

部规模以上文化企业营业收入增长的贡献率为93.3%。文化相关领域实现营业收入45537亿元，比上年增长1.5%。43个行业中类，有32个利润实现增长、由亏转盈或减亏，占比为74.4%。其中，互联网信息服务、数字内容服务、互联网文化娱乐平台3个行业中类实现利润带动作用明显。同时，我国文化企业整体实力和竞争力还不够强，具有较强竞争力的龙头企业、领军企业还不够多，文化产业的规模化集约化专业化水平还不够高，“小、散、弱”的问题还比较突出。

培育发展壮大各类文化市场主体，关键是贯彻落实中央“两个毫不动摇”精神，深化“放管服”改革，鼓励各类文化市场主体公平竞争、优胜劣汰，推动形成不同所有制文化企业共同发展、大中小微企业相互促进的发展格局。

一是实施骨干文化企业培育工程，推动产业关联度高、业务相近的国有文化企业联合重组，鼓励有实力的国有文化企业以资本为纽带进行跨地区、跨行业、跨所有制兼并重组，支持符合条件的国有文化企业上市融资，打造主业突出、产业链完整、核心竞争力强的骨干企业集团和“文化航母”。加快全国有线电视网络整合，建设广电 5G 网络。

二是降低社会资本准入门槛，在国家政策法规许可范围内，引导社会资本以多种形式投资文化产业，鼓励和引导非公有制文化企业发展，支持“专、精、特、新”中小微文化企业发展，享受与国有文化企业同等待遇，切实发挥好、引导好、保护好非公有制文化企业积极性。鼓励国有文化企业和民营文化企业在符合政策的前提下，开展混合所有制改革。

三是推动文化产业领域有序开放，吸引外商投资我国法律法规许可的文化产业领域，落实好自由贸易试验区文化开放有关政策，提升引进外资质量和水平。

（三）构建现代文化市场体系

构建现代文化市场体系有利于进一步发挥市场在文化资源配置中的积极作用，最大限度激发各类文化市场主体创业创新活力，鼓励和促进文化生产流通和文化消费。经过多年建设，统一开放、竞争有序的现代文化市场体系已初步建立，但部分文化产品和生产要素在全国范围内流动还不顺畅，文化市场发育整体水平还不高，管理还不规范，需要加快构建现代文化市场体系，营造有利于文化产业发展的良好环境。

一是加强文化产品和要素市场建设。要坚决破除文化市场准入隐性壁垒。推进市场设施高标准互联互通，强化文化市场基础制度规则统一，促进劳动力、资本、技术、数据等文化市场要素合理流动，培育更有活力的市场经营主体和消费群体。深化文化领域国资国企改革，培育国有大型文化企业集团，鼓励、支持、引导非公有资本依法进入文化产业，深化文化事业单位人事、收入分配等制度改革，推动文化企事业单位基于文化大数据催生集约高效的内容生产和数智化传播相结合的发展模式。充分发挥我国超大规模市场优势和内需潜力，积极发展图书报刊、电子音像制品、演出娱乐、电影电视剧、动漫游戏等传统文化产品市场，建设以网络为载体的新兴文化产品市场，发展电子票务、电影院线、演出院线、网络书店等现代流通组织形式。围绕粤港澳大湾区建设等国家重大战略，加强重点文化产业带和区域文化市场建设。培育大众性文化消费市场，开拓农村文化市场。有序发展文化产权、版权、人才、技术、信息等要素市场，建立健全文化资产评估体系和文化产权交易体系，发展以版权交易为核心的文化资产交易市场。加强规范引导，统筹推进各级各类文化产业园区（基地）建设。办好重点文化会展和重点文化产权交易所。推进文化资本市场建设，促进金融资本、社会资本与文化资源有效对接。

二是积极开拓国际文化市场。以共建“一带一路”为重点，大力发展对外文化贸易，鼓励文化企业推出更多体现中华文化精髓、满足国际市场消费需求的文化产品和服务。积极发展国际版权贸易，推动图书、影视、演艺等精品内容出口。积极发展新兴贸易方式，提高数字文化产品的国际市场竞争力，推动文化装备制造技术标准“走出去”。加强国家文化出口基地建设，支持文化企业参加重要国际性文化节展。鼓励各类企业在境外开展文化投资合作，建设国际营销网络，实现本土化发展。

三是规范文化市场秩序。加强市场中介机构和行业组织建设。充分发挥经纪、代理等文化中介机构的作用，为各类文化单位提供专业化、社会化服务。引导行业组织自我管理、自我服务、自我教育、自我约束，更好地履行协调、监督、服务、维权等职能。加强文化市场管理，深入推进全国文化市场技术监管与服务平台建设。完善经营异常名录和严重违法失信企业名单管理，加强文化市场领域严重违法失信市场主体及有关人员联合惩戒制度，推进“两随机、一公开”监管，推动形成依法经营、诚实守信的市场秩序。加强和规范文化产业统计工作，按照规范口径做好数据采集、分析和使用。

（四）加快文化新型业态融合发展

文化产业是关联度很高的产业。推动文化产业与相关产业融合发展，是提升经济发展的文化含量、促进文化产业结构调整的重要途径。这些年，实施“文化+”行动，对接“互联网+”战略，充分运用文化科技成果，发展新业态、培育新动能，推动文化和其他相关产业的融合发展，在拓展文化产业发展空间的同时，也助推了经济高质量发展。

培育文化产业新场景新业态。广东推出“夜娱、夜读、夜游、夜展、夜购、夜宴、夜市、夜宿”等夜间文旅消费产品，引导夜间文化和旅游集聚区规范创新发展。打造推出标识度高、全年龄段认可度高、好玩又好看体验度高的文旅 IP，统筹推进艺术节庆、旅游演艺、周边产品、文创产品的策划、生产及营销。支持广东戏曲、岭南美术、广东音乐等传统艺术成为数字化创新示范项目、应用场景、典型案例等。促进线上演播、云旅游、数字艺术、沉浸式体验等新型业态蓬勃发展，扶持一批文旅数字化科技创新项目、应用场景建设。有序发展低空旅游，开发和推广低空观光、航拍航摄、飞行体验、“编队表演+灯光秀”等多元化低空旅游产品。加快发展智慧旅游，推动旅游景区、旅游度假区、文化场馆等智慧化改造，打造智慧化沉浸式体验空间。发展特色工业旅游，打造一批工业旅游示范基地和精品线路。丰富邮轮游艇旅游线路，打造一批江海联动、跳岛游船、帆船游艇等特色产品组合，鼓励水上运动及邮轮游艇水系旅游消费。

推动新型文化业态发展，关键是找准结合点，发挥文化对相关产业的引领赋能作用，深化业务关联，优化产业要素，延伸产业链条。实施文化产业数字化战略，推进文化和科技深度融合，加强文化共性关键技术研发，完善文化科技创新体系建设，加快文化科技成果产业化推广，实施国家文化大数据体系建设工程，加强国家文化和科技融合示范基地建设，推动文化创作生产从数字化走向网络化和智能化，使文化科技融合成为文化高质量发展的重要引擎。推进文化创意与信息产业、工艺设计、建筑设计、农业、健康休闲等相关产业有机融合，增加文化含量和产业附加值，把文化资源优势转化为产业和市场优势。推动文化和金融融合发展，鼓励金融机构开发适合文化企业特点的文化金融产品，支持文化企业上市融资和再融资，鼓励发展文化金融专业化机构，完善文化金融中介服务体系，促进文化金融对接，推进文化企业无形资产评估、确权、登记、托管、流转服务，鼓励开发文化消费信贷产品。

全国31个省区市（不含香港、澳门、台湾）“十四五”文化产业和旅游业发展规划，有15个省市提出了到2025年文化及相关产业增加值占GDP比重定量预期目标，目前14个省市达成均超时间进度。

（五）健全文旅深度融合发展机制

文化是旅游的灵魂，旅游过程本质上是一种精神文化体验，文化和旅游在属性功能上高度契合。现在，文化产业与旅游产业的关联度越来越高，文化对旅游发展的驱动作用日益凸显。据联合国教科文组织和世界旅游组织测算，全球近40%的旅游业是由文化驱动的，全球文化旅游人数每年以15%的速度增长。习近平总书记指出，改革开放特别是党的十八大以来，我国旅游业日益成为新兴的战略性支柱产业和具有显著时代特征的民生产业、幸福产业。随着我国居民收入水平的不断提升，文化旅游市场的规模持续扩大，文旅融合的前景更加广阔。

推动文化与旅游深度融合，需要进一步厘清融合发展的理念思路，明晰为什么融、融什么、怎么融，切实破解实践中存在的“两张皮”问题。

一要强化政策推动。深化供给侧结构性改革，在扩大产品和服务供给数量的同时，着力打造优质文化旅游产品和服务，提升旅游的文化含量，以文塑旅、以旅彰文，充分彰显中华文化独特魅力。广东以筹办好全省旅游发展大会为契机，立足岭南资源禀赋，聚焦人民群众旅游新需求，研究制定全省旅游业高质量发展综合政策措施，以改革创新举措推动文旅融合高质量发展。

二要坚持规划引领。我们要推动文化和旅游持续深化融合，让“诗”和“远方”相得益彰、浑然一体。广东省委、省政府研究制定《关于推动旅游业高质量发展　加快建设旅游强省的若干措施》，全面部署旅游强省建设，明确了广东旅游新的定位和目标任务，制定了未来广东旅游发展的任务书和施工图。广东因地制宜高质量编制全省旅游发展总体规划，以及城市旅游发展战略、南部滨海旅游带发展战略、北部康养休闲旅游带发展战略等三个专项规划，以建设粤港澳大湾区世界级旅游目的地为抓手，带动粤东粤西粤北地区特色发展，助推农文旅融合，激活乡村旅游，将广东打造成为滨海旅游新高地、温泉康养示范地、现代旅游消费引领地，实现旅游业全面提质升级。坚持把提升硬件和优化软件结合起来，督导各地市、县（区）做好具体规划，促进总体规划和具体规划相衔接，形成区域协同、陆海统筹、城乡一体的空间布局，努力推出更多经典景区、精品线路，使文化成为景区景点的金字招牌，使旅游成为人们难忘的精神之旅、文化之旅。

三要突出项目带动。坚持寓文于旅、以文促旅，把提高服务品质和改善文化体验结合起来，将更多的文化内容、文化符号注入景区景点，深入挖掘文化 IP 并推动转化成为旅游资源。广东着力推动旅游重大项目建设。推进文旅投资“三个一百”计划，即 100 项在建重大项目、100项重点招商项目，以及未来五年，统筹省级财政投入100亿元支持旅游产业发展。建立重点项目清单，抓好在建项目、推进招商项目、完善储备项目，梯次推动、接茬推进。支持重点企业积极参与“百县千镇万村高质量发展工程”文旅项目。充分发挥财政资金的放大效应，切实抓好投融资对接，有效调动民间投资积极性，引导各类产业投资基金和社会资本支持旅游业，推动各类资金要素向旅游项目投放。以重大项目为牵引，建立省级重点旅游项目库，加快推进在建项目建设、抓好项目招商引资、谋划储备项目，以项目引导企业做强做优、提质升级。

四要推动业态创新。探索文化和科技融合的有效机制，精心培育融合发展新业态，积极发展旅游演艺、主题公园以及体育休闲游、研学旅游、邮轮游艇游、中医康养游等个性化、专业化旅游，利用VR技术、人机交互技术、人工智能技术、全息技术等发展沉浸式旅游，大力推进文化体验园（馆）建设，形成多层次、差异化的供给格局。

广东着力促进乡村旅游、城市旅游、游艇旅游、水系旅游、康养旅游、低空旅游、智慧旅游等产品迭代升级，以差异化、品质化文旅产品供给加快建设更高水平、更高质量、更有影响力的旅游强省。“请到广东过大年”“跟着龙舟去旅行”“节庆叹非遗”“驿路同游”等文化 IP 已经成为具有极高辨识度、美誉度的广东文化旅游品牌。大力发展“旅游+农业”“旅游+教育”“旅游+工业”“旅游+演艺”“旅游+赛事”等业态，释放旅游业“一业兴，百业旺”的强大乘数效应，形成多产业融合发展新局面，不断催生新业态、创造新价值。

五要完善培育监管机制。建设高标准市场体系是构建高水平社会主义市场经济体制的重要内容。要坚持培育和监管并重，完善市场准入和退出机制，激发各类经营主体活力，提高资源配置效率，建设高效规范、公平竞争的文化和旅游市场。深化行政审批备案制度改革，提升管理服务水平，优化营商环境，推动不同所有制企业共同发展、大中小微企业融通创新。提升文化和旅游市场监管能力，创新适应数字时代特点的监管体系和监管机制，对新业态包容审慎监管。深化文化领域审批改革，聚焦推动文化传媒、网络游戏、动漫、创意设计等领域发展，开展优化审批流程改革试点，扩大网络游戏审核试点，创新事中事后监管方式。深化文娱领域综合治理。完善应急体系、旅游纠纷多元化解体系，持续治理“不合理低价游”问题。深化文化市场综合执法改革，完善行政执法体制机制。加强标准管理。推进文化和旅游标准化建设，健全文旅标准体系，提升文旅场馆、景区景点、旅游住宿等建设标准和服务质量，规范文旅市场秩序，营造旅游友好型环境。

六要健全交流合作机制。文化是沟通心灵、增进共识的精神纽带，旅游是交往交流、相知相近的重要桥梁。当前，世界百年变局加速演进，人类社会站在历史的十字路口，加强国际人文交流合作成为时代呼唤。要积极践行全球文明倡议，健全交流合作机制，更好发挥文化和旅游独特作用，促进不同文明的交流互鉴、和谐共存。广东丰富文化交流合作形式，构建“主流媒体、新媒体、在线平台+创意营销”的全领域推广模式，不断强化“活力广东时尚湾区”整体品牌形象。推出文旅推广大使，分层分类抓好客源分析，实施精准营销。开展“周末叹广东”宣传推广计划，联动周边地区打造跨区域旅游线路产品。持续提升广东旅游博览会影响力，设立海外旅游推广中心，积极承办国际性旅游大会，开展入境旅行社伙伴行动，加强境外市场营销，优化签证和通关政策，提升入境旅游服务便利度，有针对性地开发旅游产品和线路，增加港澳台游客入境旅游频次，积极扩展外国游客市场。持续加强“活力广东　时尚湾区”文旅品牌宣介，推出一批由知名人士担纲的广东文旅推广大使，争取在广东举办国际性重点旅游会议，策划在欧洲设立粤港澳大湾区旅游推广中心，全方位提升粤港澳大湾区世界级旅游目的地知名度和美誉度，巩固拓展出入境旅游市场。

整体而言，广东文旅具有“七大优势”，分别是“城之名”，广东城市活力四射；“文之盛”，岭南文化底蕴深厚；“海之大”，滨海旅游引人入胜；“食之好”，“食在广东”名满天下；“绿之美”，绿美广东四季皆美；“路之便”，南粤大地通达万里；“人之众”，广东人口众多。我们要牢牢抓住旅游发展正迎来新的重大历史机遇，进一步扬优势、补短板、强弱项、抓特色，准确把握推动旅游的“时”与“势”、“长”与“短”，牢牢把握推进文化旅游高质量发展这个主题，以产品为核心，以科技为动力，以新质生产力为牵引，以文旅深度融合为关键，以现代服务业为保障，以法治化营商环境为支撑，把“规划、建设、管理、宣介”都要抓好，着力完善现代旅游业体系，推动旅游业更好地服务广东高质量发展和现代化建设。

四、守护好中华民族精神根脉

《决定》提出要“建立文化遗产保护传承工作协调机构，建立文化遗产保护督察制度，推动文化遗产系统性保护和统一监管”。这是加强文化遗产保护传承工作、维护文化遗产安全的内在要求，是弘扬中华优秀传统文化的重要基础性工作。

历史发其源，文化铸其魂。文化和自然遗产中蕴含着一个民族的精神基因，隐藏着“从哪里来，向何处去”的发展密码。没有中华五千年文明，哪有我们今天的成功道路。习近平总书记感慨而言：“历史文化遗产承载着中华民族的基因和血脉，不仅属于我们这一代人，也属于子孙万代。要敬畏历史、敬畏文化、敬畏生态，全面保护好历史文化遗产，统筹好旅游发展、特色经营、古城保护，筑牢文物安全底线，守护好前人留给我们的宝贵财富。”[①] 历史是文化的载体，文化是历史的血脉。保护和传承文化遗产，就是守护民族和国家过去的辉煌、今天的资源、未来的希望。新征程上，持续加强文化和自然遗产保护传承利用工作，守护好中华民族精神的根脉，我们将更好建设中华民族现代文明，为以中国式现代化全面推进强国建设、民族复兴伟业凝聚起强大精神力量。

（一）坚持保护第一的核心理念

“保护第一”是一切文化遗产保护和传承工作的立足点、出发点及合法性之所在，是文化遗产保护体制机制建设的核心。2020 年 5 月 11 日，习近平总书记考察山西大同云冈石窟时强调：“历史文化遗产是不可再生、不可替代的宝贵资源，要始终把保护放在第一位。”文化遗产是中华优秀传统文化的重要实证，也是坚定文

① 中共中央党史和文献研究院：《习近平关于社会主义精神文明建设论述摘编》，中央文献出版社 2022 年版，第 235 页。

化自信、凝聚民族精神的有力支撑。只有精心守护好文化遗产，才能挖掘其丰富内涵，推动有效利用，为社会主义文化强国建设蓄势赋能。这就要求从体制机制层面，按照真实性、完整性的要求，全面保护好古代与近现代、城市与乡村的历史文化遗产，维护文化遗产的历史真实性、风貌完整性、文化延续性。建议建立省级文化遗产保护传承工作协调机构，形成党委领导、政府负责、部门协同、社会参与的系统性保护传承工作格局。

推动文化遗产系统性保护和统一监管，是承担我国文化遗产保护繁重任务的迫切需要。我国是举世公认的文化遗产大国。第三次全国文物普查共登记不可移动文物 76.7 万余处，第一次全国可移动文物普查共登记国有可移动文物 1 亿多件套。截至 2023 年底，公布国家级非物质文化遗产代表性项目 1500 多项，成功申报世界文化遗产 39 项，公布国家历史文化名城 142 座、中国历史文化名镇名村近 800 个、中国传统村落 8000 多个，文化遗产保护任务十分繁重。我国依然处在工业化、城市化快速推进过程中，大规模基础设施建设不断挖掘出新的文物，同时不断对现有文化遗产保护形成严峻挑战。在这种形势下，只有推动文化遗产系统性保护和统一监管，切实整合现有文化遗产保护和监管力量，提升文化遗产保护和监管效能，才能承担起越来越繁重而艰巨的文化遗产保护任务。

推动文化遗产系统性保护和统一监管，是解决当前文化遗产事业突出问题的迫切需要。党的十八大以来，以习近平同志为核心的党中央高度重视文化遗产保护传承，习近平总书记多次就文物工作、革命文物工作、非物质文化遗产保护工作等作出重要指示。当前，我国文化遗产事业得到全社会前所未有的关注和支持，迎来历史上最好的时期。同时要清醒地看到，在狂飙突进的中国城市化进程中，文化遗产面临着难以承受的痛楚和前所未有的危机，文化遗产事业还存在一些不容忽视的问题。比如，文物安全形势严峻，法人违法、盗窃盗掘、火灾事故和自然灾害时有发生，不少历史文化名城（名镇、名村、街区）、古建筑、古遗址及风景名胜区整体风貌保护力度不够，许多非物质文化遗产缺乏有效传承和传播，文化遗产保护管理机构队伍和专业力量薄弱，文物资源管理、价值阐释、执法督察、民间收藏等重点领域亟须深化改革，等等。只有推动文化遗产系统性保护和统一监管，才能从根本上解决文化遗产事业存在的碎片化等突出问题，筑牢文化遗产保护安全屏障。

（二）推动文化遗产系统性保护传承

坚持系统观念是贯穿文化遗产保护体制机制建设的主线。《决定》明确提出建立文化遗产保护传承工作协调机构，意味着要统筹处理好各类文化遗产资源的保护，文物本体的保护和周边环境的改善，文化遗产的保护与利用，文物和非物质文化遗产、文化和自然遗产的协同保护。

推动文化遗产的整体性、系统性保护，应

该注重以下几个方面。

一要确立整体性、系统性保护思维。文化遗产保护是超越行政区划、地理场域、物理标识的整体性、系统性工程，应当打破传统的单一性文化遗产本体保护，突破文化遗产地域化保护、部门化保护思路的局限，将文化遗产本体与周边环境视为一个综合性的生命体，将全国各区域文化遗产保护视为一个有机体，在区域协调、部门协调、生态整合的意义上保护文化遗产。

二要健全整体性、系统性保护制度。健全文化遗产保护政策法规，构建科学的整体性、系统性保护制度体系。其中，尤为重要的是建立文化遗产保护传承工作协调机构，建设文化遗产保护传承协调制度，全面推进文化遗产保护的部门间、区域间协调，增强文化遗产保护的效力。建立文化遗产保护督察制度，充分发挥专门机构和社会多元主体的作用，及时发现和查摆影响文化遗产整体性、系统性保护的问题，为文化遗产整体性、系统性保护工作提供补救和指引。加快完善文化遗产保护和利用的政策体系，确保文化遗产保护和利用能获得具有及时性、务实性、针对性、有效性的政策指引和保障。

三要推进整体性、系统性保护行动。推进信息科技赋能行动，借助数字信息的力量，拓展文化遗产整体性、系统性保护的空间和能力。推动中华文明标识体系构建行动，通过国家文化公园、国家级的主题博物馆和非遗馆等文明标识体系的构建，打造文化遗产整体性、系统性保护的综合平台。通过推进文化、旅游及相关产业融合发展为文化遗产整体性、系统性保护营造新场景。推进多元力量参与行动，通过政策引导和方式激励，促进更多的人才、资源和社会力量汇聚于推动文化遗产的整体性、系统性保护。

（三）建立文化遗产保护督察制度

《决定》要求建立文化遗产保护督察制度。这一要求为推进文化遗产保护落到实处提供了有力抓手，有助于进一步巩固保护文化遗产也是政绩的为政理念，破除文化遗产保护与经济社会发展对立的错误观念，强化各级文化遗产主管部门的政治担当，压实工作责任，取得工作实效。

制定文化遗产保护规划。文化遗产保护工作涉及多部门、多领域，是一项复杂的系统性工程。文化遗产保护体制机制建设需多措并举、系统推进。加强顶层设计和整体统筹。这就需要以问题为导向，从规划设计、法律建设、政策支撑、资金保障等多方面切入，推动《中华人民共和国文物保护法》《文物保护工程管理办法》等法律及规章制度的修订，强化文物保护工程公益属性、研究属性，探索以设计为主导的文物保护工程总承包制、设计施工一体化等模式。借助文物普查情况，以实事求是为原则，优化完善城乡历史文化保护传承体系规划和方案，科学划定各类保护对象的保护范围，规范必要的建设控制地带，推进多规合一，构建以城乡历史文化保护传承体系规划为核心的保护规划体系。强化文化遗产部门督察职责，健全与公安、司法等部门协同的文物监管执法工作机制。督促各地建立革命遗址保护工作联席会议制度，健全革命遗址管理体制机制。完善文物安全工作机制，推动地方政府将文物安全工作纳入政府年度考核评价体系。探索勘察设计取费与修缮对象复杂度挂钩的管理机制。推动文物预防性保护和日常保护维护的体制机制改革。系统开展文物保护工程质量评估与工程技术效果跟踪评价。贯彻落实《广东省文物保护空间规划》，将文物资源空间信息纳入国土空间规划基础信息平台；出台《广东革命文物保护利用片区专项规划》和《海陆丰革命文物保护利用片区专项规划》，推动形成革命文物连片保护格局。

建立文化遗产资源的评估标准体系。以《中华人民共和国文物保护法》《世界文化遗产保护管理办法》等作为指引，建立健全遗产保护的相关法律法规和保护机制，既要明确各方的权利和义务，为遗产保护工作提供法治保障，又要构建完善的保护体系和监测机制，包括定期监测、评估和维护等，确保遗产的保护常态化、可持续化。坚持跟踪问效是文化遗产保护体制机制建设的重要环节。广东组织开展文化遗产保护督察跟踪问效，着力推动文物古迹、古建筑、名城名镇名村、历史街区、传统村落、文化景观、非遗民俗等文化遗产系统性保护和统一监管。全面推进第四次全国文物普查，建立广东省不可移动文物资源目录和不可移动文物资源大数据库。强化科技赋能，推动省级以上文物保护单位数字化保护。开展重点文物保护单位风险评估，实行分级分类保护。开展省级以上代表性项目和代表性传承人的评估工作，组织第七批省级非遗代表性传承人（群体）评审和认定。

构建文化遗产学术研究体系。文化遗产保护事业的高质量发展离不开教育、科技、人才的支撑。这就需要进一步构建文化遗产保护独立学科体系，加快建设中国文化遗产学，从而培养高水平科技人才和技术技能型人才，以人才带动科技创新发展，为文化遗产保护强基赋能。“文化遗产学”近年来正式设立并加快建设，它有别于传统考古学、历史学或管理学等学科的核心理论方法体系，内容却又与之息息相关，应以“文化遗产学”发展为契机，进一步推动文化遗产整体性、系统性保护、管理和研究。

构建文化遗产价值认知传播体系。文化遗产的价值问题是文化遗产的基础问题之一，应通过加强对文化遗产价值的认知、阐释与传播力度，推动全社会提升对遗产保护的重视程度和认知水平，进而实现对遗产资源的合理配置。同时，加强文化创意产品开发，在保护中发展，在发展中保护。在全媒体时代，应该创新传播形式，充分利用 AR（增强现实）、VR（虚拟现实）等互动技术，让人们沉浸式感受文化遗产的独特魅力，多角度全方位认识和传播文化遗产。近年来，以非遗为主题的短视频热度与日俱增。在 2023 年有将近 1400 万名网友分享了非遗相关体验，国家级非遗相关视频的累计分享量同比增长 36%，国家级濒危非遗相关视频数量同比增长 33%，通过网络平台展现了如今公众对非遗的高度关注与热爱。2024 年 11 月 12 日，李子柒携《雕漆隐花，紫气东来》等 3 个视频作品归来，展示中国漆艺之美、非遗蜀锦绒花的技艺，引起海内外瞩目。作为弘扬传统文化的视频博主，李子柒恢复更新后的作品，内容继续聚焦非遗与乡村。李子柒微博 3 条视频播放量 2.1 亿次，相关话题阅读量超 14.5 亿次，海外粉丝已突破 2000 万个。谈及未来规划，李子柒表示："不管是互联网、短视频，还是科技、AI，这些东西都可以成为我展示自己的生活，进行文化传播的一种方式。所以我想要继续往前走走看，看能不能踩出一些新的脚印。"李子柒秉持初心，深耕非遗赛道，这种独特的内容选材和表达方式使得她的作品具有长久的生命力和延时传播的特性。乡村与非遗，美景与美好的人，不仅向国人，更向海外不了解中国文化和农村的观众，传递了中国文化独有的美和神韵。

（四）岭南文化“双创”：永庆坊涅槃新生

近年来，广东实施岭南文化“双创”工程，促进历史文化资源系统整体保护、品牌化提升、活化利用，让岭南文化焕发新光彩；通过对历史文化街区进行“微改造”，让城市留下记忆，擦亮城市文化名片；加大公共文化设施建设，构建覆盖城乡、优质高效的现代公共文化服务体系，不断丰富高品质文化供给，提升人民群众的文化获得感和幸福感；以“科技+”赋能文化产业转型升级，激发文化创新创造活力，催生丰富多彩的文旅融合新业态新场景，岭南文化 IP“爆款”频频出现……

永庆坊所在的广州市恩宁路历史文化街区，是广州市 26 片历史文化街区之一，约占荔湾老城区面积的 3%，总面积 11. 37 万平方米，原有建筑 1352 栋，共有居民 2760 户。街区内中西合璧风格的骑楼街诞生于 1931 年，是广州现今保存最为完整的骑楼建筑群，被誉为“广州最美老街”。街区内有李小龙祖居、詹天佑纪念馆、八和会馆、銮舆堂、宝庆大押等富有岭南特色的历史建筑。同时，永庆坊还曾是广州非遗文化集聚之地，聚集了一批粤剧曲艺、武术医药、手工印章雕刻、剪纸、西关打铜、广彩、广绣等岭南非物质文化遗产。

随着时间的推移，曾经辉煌的西关大屋与骑楼，历经百年岁月后变得破败凋零，区内危破旧房密集，街坊日渐老龄，老字号日渐式微，街区空心化问题突出，亟须修缮维护及更新改造。但作为历史文化保护类项目，其中涉及原住民外迁安置、危旧房维护改造、配套基础设施建设及部分项目拆迁，都需要政府财政大量而长期的投入，这些资金无法通过传统的土地拍卖方式来吸引社会资本参与投资而获得，因此，对政府财政和可持续投入形成了巨大压力。此外，历史文化保护类项目涉及政府、本地居民、文保志愿者、社会企业等多个主体的利益与诉求，广受新闻媒体的公开监督。城市建设与历史记忆传承、私人利益与公共利益、保护限制要求与人居环境改善需求之间往往存在难以调和的矛盾，需要建立新的协调机制来确保项目落地并平衡各方利益。

2016 年，广州市政府提出“政府主导、企业承办、社会参与”的更新改造模式，大胆创新探索旧城复兴方式，摒弃“推倒重建”的模式，秉承“修旧如旧，新旧融合”的微改造理念，用“绣花”功夫实现对老旧建筑进行修复活化，为这一历史文化街区注入新的活力。

项目按照“政府主导、两权分离、企业实施”的运作模式实施更新改造。2018 年，荔湾区制定了《永庆片区微改造建设导则》《永庆片区微改造社区业态控制导则》，尊重现状多元的产权结构与复杂的土地模式，在解决好与原居民关系的前提下，实行建筑物与公共空间的产权与管理经营权相分离，通过公开招标引进有实力的社会资本的参与。

微改造，“删掉”破败，留下记忆，在原有的街道脉络上进行修复、点缀，就如同在一袭本就裁剪有致的旧长裙上绣花：为保留麻石路的风貌，同时兼顾下水道排污，人们将麻石整块挖出，重新铺设管道，最后恢复道路外观。修缮骑楼的过程中，木框琉璃窗被原汁原味地保留，悉心刷上新漆；面对旧门窗缺失的情况，则按图索骥，修旧如旧，使新“零件”与建筑风格保持一致。牌楼上的雕花彩塑也一一留下，重新上色。老宅墙面青砖，更是要与原建筑上的砖对比，不可有色差；屋檐下灰塑的鲤鱼形排水口，尽管已失去排水功能，但仍然要修复还原——它是岭南建筑中不可或缺的元素。在如火如荼的改造过程中，设计团队对李小龙祖居的修复最为亮眼，创意十足。

曾经沉寂的永庆坊焕然一新。老街景观、西关大屋、骑楼，在保持原有风貌的基础上更加坚固美观，老街居民也免于被迫拆迁，得以留在故土。2020 年底，永庆坊二期项目正式亮相，随之开启了“朝叹晚蒲——生活艺术节”。米其林餐厅灯火璀璨，滨水酒吧人来人往，星巴克、澳洲网红轻餐厅、喜茶西关文化店……吸引了众多年轻游客。但作为老广州最重要的历史文化街区，涅槃新生的永庆坊，未曾忘记当地人的乡愁与情怀。西关打铜、粤剧、活字印刷，纷纷回到了城市视野里。

广州恩宁路永庆坊夜景

广州永庆坊微改造项目在问题丛生中起步，通过历史文化传承的“绣花”功夫，坚持对历史文化遗产系统性保护利用，成功走出了一条历史文化街区更新改造的创新发展之路，为包括广州市在内的现代城市更新提供了诸多可供借鉴的做法，为现代化城市留下了珍贵的乡愁。

第三章　风清气朗：健全网络综合治理体系

网络已成为人们生产生活的新空间。截至2024年6月，我国网民规模近11亿人，互联网融入社会生产生活的方方面面。随着移动互联网技术的迅猛发展，人们获取信息亦主要依赖于互联网渠道。对网络空间治理是否有效，不仅是对治理水平的反映，更影响意识形态安全和政治安全。对此，必须建立健全网络综合治理体系，让互联网这个最大变量成为事业发展的最大增量。

2019年7月24日，中央全面深化改革委员会第九次会议审议通过《关于加快建立网络综合治理体系的意见》，明确要加强互联网内容建设，要坚持系统性谋划、综合性治理、体系化推进，逐步建立起涵盖领导管理、正能量传播、内容管控、社会协同、网络法治、技术治网等各方面的网络综合治理体系，全方位提升网络综合治理能力。

近年来，我国网络综合治理体系建设不断完善，网络生态持续向好，文明健康、风清气朗的网络空间汇聚起向上向善能量。但随着信息技术革命的迅猛发展，网络治理迈入新阶段的同时，也面临新挑战。如多元主体的协调难度逐渐增大，政府、企业与网民之间的关系愈趋复杂；大数据、云计算的广泛应用，生成式人工智能的迭代更新，这些都进一步加剧各类数据泄露风险和网络诈骗问题。又如一些互联网新型企业，为了逐利引流而炮制各类博眼球的假新闻、假人设等，亦影响当前网络生态。

因此，抓住信息化变革所带来的发展机遇的同时，要防范网络风险，规范技术应用，切实维护好人民群众合法权益，就必须进一步健全网络综合治理体系。

一、过好互联网这一关

《决定》指出，健全网络综合治理体系。深化网络管理体制改革，整合网络内容建设和管理职能，推进新闻宣传和网络舆论一体化管理。正如习近平总书记所说，“过不了互联网这一关，就过不了长期执政这一关”[①]，发展好、运用好、治理好互联网，是推进国家治理体系和治理能力现代化的重要内容，必须推进涵盖领导管理、正能量传播、内容管控、社会协同、网络法治、技术治网等的网络综合治理体系建设，全方位提升网络综合治理能力。

（一）健全网络领导体制和工作协调机制

互联网已成为意识形态斗争的主阵地、主战场、最前沿。能否牢牢掌握网络意识形态工

① 习近平：《论党的宣传思想工作》，中央文献出版社2020年版，第183页。

作领导权，深刻影响着我们在互联网这个战场上能否顶得住、打得赢，维护好我国意识形态安全和政权安全。对此，深化网络管理体制改革，关键在于深入学习习近平文化思想和习近平总书记关于网络强国的重要思想，坚持党对网络综合治理工作的全面领导，确保互联网朝着正确方向发展。各级党委（党组）要担起政治责任和领导责任，明确分工，制订责任清单，构建问责追责体系，强化属地管理和主管主办责任，全面落实网络意识形态工作责任制，把网络安全主导权攥在自己手上。

构建多方参与、多种手段并用的网络综合治理新格局，是提升网络治理效能的关键。要加快完善党委领导、政府管理、企业履责、社会监督、网民自律等主体参与和法律、经济、技术等多种手段结合的网络综合治理格局。发挥网信部门的统筹协调作用，加强网信部门与管网治网各部门的密切配合，压实网络平台主体责任，充分发挥各类网络社会组织自我教育、自我规范、自我约束作用，形成网络治理的强大合力，推动实现互联网由“管”到“治”的根本转变。

强化属地监管执法责任，加快完善政府网络监管综合执法机制，建立健全横向协同、纵向联动的全国互联网行政执法协调工作体系。强化互联网企业平台主体治理和内容管理机制，推进网络空间信息活动社会监督机制，强化对网络平台的分级分类管理，提升网民自律意识，助力各方分工协作、齐抓共管、优势互补，全面提升网络综合治理效能。

（二）整合网络内容建设和管理职能

互联网是文化繁荣发展的新载体，做好互联网内容建设与管理工作，推进新闻宣传和网络舆论一体化管理，是新时代网络综合治理的重要任务。这就要求完善网上舆论引导工作机制，做好党的创新理论和路线方针政策网上宣传，推动各级党组织、政府部门、企事业单位、群团组织主管主办的各类网络账号、网络媒体积极主动发声，唱响主旋律、弘扬正能量，塑造网上主流舆论新格局。

健全网上舆论风险防范机制，加强网上舆情分析研判，准确把握网上舆情生成演化机理，及时批驳网上错误思潮，坚决管控清理各类有害信息，有力有效开展跨境舆论斗争，严密防范敌对势力利用互联网进行攻击、渗透、破坏，切实维护网络意识形态安全和政治安全。比如，利用好全程媒体实时追踪优势，及时干预与主动批驳网络错误思潮和错误言论，精准识别与扩大对负面网络信息的排查范围，依法管控网络违法和不良信息。同时，要健全网上网下联动工作机制，把“应对舆情”和“解决事情”结合起来，线上线下协同发力，推动从源头解决问题、化解矛盾。

健全网络生态治理长效机制，针对人民群众反映强烈的网络乱象问题进行集中整治，持续开展“清朗”系列专项行动，打击网络谣言、有害信息、虚假新闻、网络敲诈、网络水军、有偿删帖等违法违规行为，促进网络空间风清气朗、生态良好，特别是高度重视加强对未成年人的网络保护，提供更多有益于未成年人身心健康的网络产品和服务，坚决整治诱导未成年人盲目追星、打赏充值、沉迷网络游戏等现象。

（三）守好网络意识形态安全“南大门”

近年来，广东持续推进网络综合治理体系建设，不断深化网络管理体制建设，狠抓网络意识形态工作责任制落实，党对网络综合治理工作的领导全面加强。

一方面，健全完善网络综合治理体系，加大网络综合治理统筹协调力度。省委网信办会同各地级以上市、各涉网管理部门，紧紧围绕互联网管理领导、正能量传播、网络信息内容管控、社会协同治理、网络法治、技术治网六大体系建设，坚持系统性谋划、综合性治理、体系化推进，不断健全完善网络综合治理体系。建立由省委分管领导任召集人的广东省网络综合治理协调工作机制，构建完善省市网络执法与监督工作体系，建立实施重点网站平台工作例会、“一月一行动，两月一调度”等机制，网络综合治理体系基本构建，“大综治”工作格局基本形成。

另一方面，强化安全保障，推进网络安全体系和能力现代化。紧盯关键领域，健全完善关键信息基础设施安全保护机制，全面整改突出问题和薄弱环节。提升网络安全保障能力，统筹做好监测预警、应急处置、态势通报和检查督导工作。强化数据安全管理和个人信息保护，建立健全数据安全法、个人信息保护法配套政策体系。同时，建设管网治网技术平台，推动管治平台相关业务功能省、市两级网信部门互联互通。防范新技术新应用风险，持续推进算法安全治理。

为进一步深化网络管理体制改革，广东要坚持系统思维，按照归口领导、集中统一、高效协调的原则，统筹和打通网络内容生产和传播环节领域，深化舆论引导和舆情应对协同机制，进一步整合网络内容建设和管理职能，推进新闻宣传和网络舆论一体化管理，推动形成更加科学高效有序的治网格局，守好网络意识形态安全“南大门”。

强化互联网思维、信息化手段，发展好、运用好、治理好互联网。一方面，推动管网治网业务深度融合、数据充分共享、部门高效协同，强化对网络平台的分级分类管理，加强“自媒体”管理，重点管好影响力大、用户数多的网络新技术新应用。另一方面，积极推进全球互联网治理体系变革，全方位支持我国网络企业参与国际竞争，抢占科技发展新赛道、新高地，拓展网络技术应用新市场。

二、管好用好人工智能

《决定》强调要“完善生成式人工智能发展和管理机制”。在当今数字化时代，生成式人工智能技术正以前所未有的速度发展，其在各个领域的应用不断拓展，从内容创作到数据分析，从医疗诊断到教育辅导，人工智能正逐渐成为推动社会进步的重要力量。然而，随着技术的快速发展，如何确保生成式人工智能的健康发展和规范应用，成为全球范围内亟待解决的问题。

（一）当前全球生成式人工智能监管机制现状

随着近年来生成式人工智能的迅速发展，如大语言模型训练下的聊天机器人应用 ChatGPT、以文本描述生成视频的人工智能模型 Sora 等横空出世，带来人工智能领域的颠覆效应，欧美国家正加紧制订相关法案，以规范生成式人工智能发展。

在欧洲，欧盟委员会在 2021 年发布了《欧洲议会和理事会关于制定人工智能统一规则（人工智能法）和修订某些欧盟立法的条例》，开启了《人工智能法案》的立法进程，旨在为人工智能的开发和使用建立一套道德和法律规范。2023 年 12 月，欧洲议会、欧洲理事会和欧盟委员会三方就《人工智能法案》达成协议。该法案特别强调生成式人工智能的透明度要求，要求开发者披露内容来源、设计模型时禁止非法生成等。同时，对于数据安全性，法案要求人工智能系统必须遵循现有的隐私和数据保护规则。尽管如此，该法案在风险分级、监管力度、权利保护和责任机制方面仍存在不足，如界定模糊、评估难度大、执行难度高等。

与欧洲相比，美国对人工智能的监管采取了相对宽松的态度。白宫科技政策办公室发布的《人工智能权利法案蓝图》和美国劳工部制定的《公正的人工智能行动手册》等，主要聚焦于保护公众权利和数据安全，未对技术细节作出详细规定。加州的“AB－331 自动决策工具”法案则将重点放在了算法决策对公民权利、机会和获得关键服务的风险上，以保障人工智能的创新发展。该法案还要求开发人员和用户向加州民权部提交年度影响评估，以增强透明度。然而，美国的监管框架在人工智能监管本身的监管框架、风险分类分级、约束机制等方面尚不明确。

（二）我国生成式人工智能治理的基本原则和框架

相较之下，我国在生成式人工智能的治理上采取了更为积极和细致的措施。国家网信办联合国家发展改革委、教育部、科技部、工业和信息化部、公安部、广电总局等部门发布的《生成式人工智能服务管理暂行办法》(以下简称《办法》)，提出生成式人工智能治理的基本原则和框架。该办法强调包容审慎和分类分级监管的重要性，鼓励监管部门采取更精细化的管理措施。在推动创新发展方面，该办法鼓励生成式人工智能技术在各行业、各领域的创新应用，生成积极健康、向上向善的优质内容，并探索优化应用场景，构建应用生态体系。同时，支持行业组织、企业、教育和科研机构、公共文化机构、有关专业机构等在生成式人工智能技术创新、数据资源建设、转化应用、风险防范等方面开展协作。

在保障数据安全方面，《办法》规定生成式

人工智能服务提供者必须使用具有合法来源的数据和基础模型，不得侵害他人依法享有的知识产权。此外，还要求增强训练数据的真实性、准确性、客观性、多样性，并遵循《中华人民共和国网络安全法》《中华人民共和国数据安全法》《中华人民共和国个人信息保护法》等法律、行政法规的其他有关规定和有关主管部门的相关监管要求。

在监管举措上，《办法》根据生成式人工智能的特点，要求有关主管部门依据职责对生成式人工智能服务开展监督检查，提供者应当依法予以配合，按要求对训练数据来源、规模、类型、标注规则、算法机制机理等予以说明，并提供必要的技术、数据等支持和协助。对于提供具有舆论属性或者社会动员能力的生成式人工智能服务的，应当按照国家有关规定开展安全评估，并按照《互联网信息服务算法推荐管理规定》履行算法备案和变更、注销备案手续。

由此可见，完善生成式人工智能的发展和

管理机制，不仅需要前瞻而细致的立法，还需要科学、有效的监管。建立一套全面、科学、合理的监管体系，才能确保生成式人工智能技术的健康发展，保护公民的权利和数据安全。

（三）推动完善生成式人工智能发展和管理机制

作为数字经济产业大省，广东近年来正抢抓人工智能发展机遇，着力打造国家通用人工智能产业创新引领地。2018 年印发《广东省新一代人工智能发展规划》，2022 年发布《广东省新一代人工智能创新发展行动计划（2022—2025 年）》，2023 年发布《广东省加快建设通用人工智能产业创新引领地的实施意见》，2024 年印发《广东省关于人工智能赋能千行百业的若干措施》，旨在促进广东人工智能产业高质量发展，加速形成新质生产力，构建现代化产业体系，赋能千行百业提质增效，创造智能时代的经济新模式、生活新体验、治理新方式。

为促进生成式人工智能健康发展和规范应

用，广东要坚持统筹高质量发展和高水平安全，因地制宜推动完善生成式人工智能发展和管理机制。一方面，支持企业迭代升级通用大模型、做精行业大模型、研发细分场景专用大模型，鼓励企业建设面向行业的高质量数据集，夯实生成式人工智能产业底座。另一方面，坚持包容审慎和敏捷治理优化安全评估和备案申报流程，打击利用生成式人工智能操纵舆论、编造传播虚假信息、泄露个人数据等行为。

建好用好粤港澳大湾区生成式人工智能安全联合实验室。推动建设一套本地化生成式人工智能安全测评系统，形成一套属地生成式人工智能安全发展标准，训练一套“坏男孩+政治老师”大模型安全智能评测引擎，运行一套“平台自动化+专家团队复核”运营方式，研究一套“安全可信+量化评级”的服务行业框架，探索一套“共建共享+双向赋能”的支撑监管新模式，最大限度促进人工智能领域安全、健康、快速发展。

三、营造清朗网络空间

《决定》指出，加强网络空间法治建设，健全网络生态治理长效机制，健全未成年人网络保护工作体系。随着移动互联网的迅猛发展，网络传播呈现出移动化、社交化、智能化、个性化和碎片化的趋势，其传播速度、广度、深度和影响力大幅提升。然而，网络内容的生产和传播受到资本逐利特性的影响，网络舆论生态变得日益复杂，舆论斗争更加激烈。互联网领域发展不平衡、规则不健全、秩序不合理的问题逐渐显现，这些都对网络空间法治建设提出了更高的要求。

（一）广东网络综合治理新格局基本形成

作为互联网大省、数字经济大省，广东的网民数量位居全国第一，数字经济规模连续多年全国第一，在加强网络综合治理方面率先探索，不断提升管网治网能力和水平，在网络生态治理方面探索出广东路径。

近年来，广东省委、省政府将网络文明促进行动纳入广东精神文明创建九大行动，创新建立“大流量澎湃正能量”传播机制，健全完善网上风险防范机制，网络空间主旋律更高昂、正能量更强劲。深入开展“清朗”系列专项行动，构建多主体参与、多手段并用的网络综合治理新格局，维护清朗网络空间。

为优化营商网络环境，广东开展整治涉企侵权信息乱象专项行动，重点整治无事实依据凭空抹黑诋毁企业和企业家形象声誉、炮制传播虚假不实信息、敲诈勒索谋取非法利益、干扰企业正常生产经营秩序和恶意炒作涉企公开信息等突出问题。腾讯、UC、ZAKER 等平台通过发布公告、升级功能、加强审核等措施，提升了涉企侵权投诉举报的处置效率。

为进一步加强“自媒体”管理，广东开展整治“自媒体”无底线博流量专项行动，从严整治自导自演式造假、不择手段蹭炒社会热点、以偏概全设置话题、违背公序良俗制造人设、滥发“新黄色新闻”等突出问题。微信、UC、OPPO 等平台通过健全发现处置曝光机制、上线信息来源标注功能、拓宽信息来源标签覆盖范围等措施，有效遏制了“自媒体”无底线博流量的行为。

为打击违法信息外链，广东重点聚焦账号、评论、群圈、直播和短视频、生活服务、浏览器和搜索引擎、电商、涉未成年人板块等违法信息外链问题易发多发的八大重点环节，加强违规内容审核拦截管理，推动建设共享违法外链样本库。腾讯视频、vivo、荔枝等平台通过升级安全策略、关注重点板块内容呈现、建立涉诈网站域名封堵沟通联系机制等措施，有效打击了违法信息外链的传播。

为全面加强未成年人网络保护，广东集中整治了网上涉未成年人的突出问题。腾讯、网易 CC 直播等平台通过打击利用“网红儿童”牟利、开设网络安全夏令营、将涉未成年人投诉举报专区链接至“家长关爱平台”等措施，坚决维护了未成年人的网络合法权益。

为整治当前网络直播乱象问题，广东重点整治了网络直播领域的五类突出问题，强化了网络主播行为管理。微信视频号、YY 直播、酷狗直播、唯品会等平台通过强化专业领域资质认证管理、优化平台流量分配机制、加强对优质网络主播的挖掘和培养等措施，推动了网络直播行业的健康有序发展。

总的来说，广东正探索网络生态长效治理机制，推动网络治理由事后管理向过程治理、多头管理向协同治理转变。建立完善全省网络执法和监督体系，规范网络执法各项工作制度流程，不断加强网络空间法治建设。

（二）“之江净网”网络生态治理行动的经验启示

作为互联网大省，浙江省持续推进网络空间法治化，全力整治网络生态突出问题，以清朗安靖的网络环境护航高质量发展，取得了一定成效。其做法可资借鉴。

完善法规政策，夯实法治基础。浙江制定

《直播电商产业合规指引》《宁波市促进网络直播行业健康发展实施办法（试行）》，以指导性文件规范互联网新兴行业和企业健康发展。出台《浙江省数据出境自评估索引指南》《浙江省汽车数据处理管理规定》，研究制定《重要行业网络数据分类分级指南》，为新兴领域数据保护提供法治保障。

完善平台建设，提升治理效能。加强对互联网内容的实时监测，迭代升级“网络直播监测”“浙里心安·互联网信息服务管理”等系统。建设“浙江省文化市场执法在线”平台，提升执法效能。创新司法实践，上线运行全国首个跨境数字贸易司法解纷与治理平台，比照APEC（亚太经济合作组织）21个成员经济体认可的《亚太经合组织跨境电商（B2B）在线争端解决合作框架》及《示范程序规则》，实现调解、仲裁、公证、诉讼等多种纠纷在线“一站式”解决。

加强培训引导，助企合规发展。聚焦网络安全和数据安全，开展民营企业网络安全能力提升行动，举办浙江省网络安全行业职业技能竞赛，强化网络安全人才队伍建设，综合施策提升企业网络安全意识和防护能力。聚焦互联网新兴行业和企业，组织开展 MCN（多频道网络）机构网络风险防范能力提升、绿色直播为民等行动，调研走访、行政指导 MCN 机构，2024 年，培育绿色直播间 189 家，优选绿色直播基地 15 个，孵化超千万元规模直播间 143 个。杭州五部门联合签署《司法建议合作备忘录》，引导平台企业合规经营。

（三）加强广东网络空间法治化建设

作为互联网大省，广东守好网络安全“南大门”的责任重大，引导互联网企业健康发展的责任重大，营造清朗网络空间的责任重大。这就要求广东必须旗帜鲜明、敢抓敢管、敢于斗争，牢牢掌握意识形态工作领导权，坚决守好网络意识形态安全“南大门”。持续深化党的创新理论网上宣传，坚决防范网络意识形态风险，走好网上群众路线，准确及时引导好网络舆论，持续巩固主流思想舆论、主流价值、主流文化在网络空间的主导地位。

坚持法治思维，持续推进网络空间法治建设。制定完善网络管理法律法规，聚焦人工智能、数字经济、网络数据安全、反对网络暴力等重点领域和技术发展前沿领域，加快立法步伐，适时将管网治网的有效做法、成功经验转化成为制度规范。强化网络执法司法普法工作协同，逐步形成横向协调、纵向联动的互联网行政执法协调工作体系。健全对各类网络主体和网络活动的税收调节机制和扶持、引导政策体系，科学制定对网络违法违规行为的经济处罚等措施。

全力营造风清气正的网络环境。进一步健全网络生态治理长效机制，完善网络综合治理协调工作机制，深入实施“粤·清朗”网络生态治理工程，打击网络谣言、有害信息、虚假新闻、网络敲诈、网络水军、有偿删帖等违法违规行为，促进网络空间天朗气清、生态良好。针对当前一些互联网企业“唯流量”的不良趋向，特别是部分 MCN 机构通过种种造假行为来引流获利，既欺骗网友，又挑战公序良俗，甚至法律底线，应当重拳出击，整治乱象。同时，做好普法宣传和行政指导工作，引导互联网企业沿着正确方向健康发展。

为未成年人“触网”保驾护航。健全未成年人网络保护体系，完善未成年人网络保护联合机制，严格开展网络游戏前置审批，积极推广未成年人模式，定期组织涉未成年人网络内容专项治理，提供更多有益于未成年人身心健康的网络产品和服务，坚决整治诱导未成年人盲目追星、打赏充值、沉迷网络游戏等现象，为未成年人健康成长营造良好网络环境。

第四章　文化出海：构建更有效力的国际传播体系

构建更有效力的国际传播体系，是深化文化体制机制改革的重要部署，具有十分突出的理论和现实意义。

当前，国际传播不合理秩序依然存在，美国等西方国家利用国际传播平台优势，对我国发动各种“舆论战”“认知战”，企图塑造国际社会对我国发展的错误认知，诋毁抹黑我国国家形象，否定我国正当发展权利。与此同时，我国国际传播能力与我国综合实力还不匹配，存在着信息流进流出的“逆差”、中国真实形象和西方主观印象的“反差”、软实力和硬实力的“落差”。正所谓落后就要挨打，贫穷就要挨饿，失语就要挨骂。要扭转“挨骂”局面，就不能再处于“失语”状态，而是应当敢于“发声”、善于“发声”。

国际传播不相信“酒香不怕巷子深”，不出门吆喝，不及时抢占市场，好酒终究不会有太多人问津。中国有精彩故事，中国有美好声音。万事俱备，只欠东风。构建更有效力的国际传播体系，就是呼唤饱含生机的东风，让中国这艘大船扬帆起航、稳步前行，来到世界舞台中央，赢得世界各国人民的认同、瞻望和喝彩。

广东处在“交汇处”“交融处”“交锋处”，构建更有效力的国际传播体系，既是现实所需，更是未来所需。这项部署不仅能为提升广东文化软实力、岭南文化影响力注入不竭的强大动力，而且能为广东进一步全面深化改革、推进中国式现代化营造良好的外部环境，从而为书写中华民族现代文明的广东篇章铺好“奠基石”、下好“先手棋”。

一、重整国际传播“大棋局”

《决定》指出，推进国际传播格局重构，深化主流媒体国际传播机制改革创新，加快构建多渠道、立体式对外传播格局。这项改革举措从大处着眼，对构建更有效力的国际传播体系进行整体布局，强调国际传播能力的大幅提升，既等不来，更等不起，必须主动出击，紧紧扭住主流媒体改革创新这个“牛鼻子”，重构符合我国实际和需要的国际传播格局。

（一）突出主流媒体在国际传播格局重构中的作用

江河有干支之分，媒体也有主流和非主流之别。主流媒体是党、政府和人民的“喉舌”，体现并传播主流意识形态和主流价值观，具有较大发行量或较高收听、收视率，因而兼具传播力、引导力、影响力和公信力。这些都是非主流媒体难以企及的。

突出主流媒体在国际传播格局重构中的作用，旨在充分利用现有媒体资源，引导主流媒体积极参与国际传媒市场竞争。这就要求主流媒体别具一只眼，敢于登高望远，把党的新闻舆论工作做到海外去。

经过长期努力，我国多渠道、立体式对外传播格局初步建成。比如，中央广播电视总台把自身定位为国际传播的主力军、主阵地、压舱石，加快实现从传统广播电视媒体向国际一流原创视音频制作发布的全媒体机构转变，形成 80 个海外传播语种、中国国际电视台（CGTN）融媒体平台、多语种网红工作室、国际视频通讯社、192 个海外站点的全媒体融合传播格局，对外传播实力不断壮大，传播覆盖更加广泛。其中，CGTN 在国际主流社交平台 Facebook、X（原 Twitter）、YouTube 上打造官方英语主账号，以及欧洲、非洲、美洲、法语、西班牙语、阿拉伯语等分众账号，仅 CGTN 单一主账号在 Facebook 平台拥有 1.2 亿粉丝量，在 X 平台拥有 1.3 亿粉丝量，在 YouTube 平台有超过 300 万订阅者，

CGTN 还打造了 T-House 等数字原生品牌账号，基本上达到西方主流媒体的同等水平。

在 2021 年阿富汗局势报道中，CGTN 话筒成为美军撤离后塔利班首场新闻发布会上唯一媒体话筒，相关报道触达受众超 73 亿人次。在党的二十大报道中，CGTN 发布的“二十届中共中央政治局常委同中外记者见面”英语、法语、西班牙语直播特别节目，均冲上谷歌视频搜索第一位。

加快构建多渠道、立体式对外传播格局，必须深化主流媒体国际传播机制改革创新，注重系统性、整体性、协同性，打造出一大批具有强大引领力、传播力、影响力的外宣旗舰媒体。

（二）新时代推进国际传播格局重构的地方实践

长期以来，地方主流媒体参与国际传播能力建设，一般选择在海外建立分支机构，派出驻外记者，聘请海外雇员，努力把中国故事镶嵌到对当地新闻的报道之中。进入新时代，在构建多主体、立体式大外宣格局的背景下，地方主流媒体注意到本土特色与中国故事的有机关联，着力深挖地方文化和讲好地方故事，强调从地方出发联通世界其他国家和地区。于是，地方国际传播中心应运而生。

早在 2018 年 7 月，重庆国际传播中心就已成立，成为全国首个省级国际传播专业机构。此后，各省、市、县纷纷启动国际传播中心的建设规划。据不完全统计，截至 2024 年 9 月 30 日，全国已有 90 家以“国际传播中心”为名的地方国际传播机构，其中，2024 年成立的就有 17 家，成为重构国际传播格局不可忽视的新生力量。

在地方国际传播的新赛道上，广东持续发力，颇有领跑全国之势。

仅就 2023 年来说，广东各级国际传播中心建设就跑出了“加速度”。2 月 18 日，大湾区（南沙）国际传播中心揭牌启用，吸引了 32 家国内外主流媒体机构及粤港澳大湾区国际传播研究院、南方舆情数据研究院等平台入驻，构建起协同联动、高效运转的国际传播媒体矩阵。3月2日，中山市海外传播中心成立，成为广东首个地市级国际传播中心，专注于创作影像产品和英语类外宣短视频。6月28日，广东省委宣传部宣布在中山大学、华南理工大学、暨南大学、广东外语外贸大学建立广东对外传播研究基地，夯实广东对外传播工作的智力支撑。7月3日，深圳广播电影电视集团发起设立深圳广电国际传播中心，地市级国际传播中心建设“再下一城”。11月14日，以南方报业传媒集团对外传播中心为班底，今日广东国际传播中心（GDToday）正式成立，标志着广东迎来了省级国际传播中心。至此，广东“省级—地市—区县+高校智库”的立体化省域国际传播格局基本成型。

构建立体化省域国际传播格局，是推进国际传播格局重构的重要着力点，必将有力推动我国加快构建多渠道、立体式对外传播格局。

（三）建强 GDToday（今日广东）外宣旗舰媒体

如何贯彻落实中央关于推进国际传播格局重构这一重大决策？广东给出的回答是，建强 GDToday（今日广东）外宣旗舰媒体。

GDToday 的诞生来之不易，是南方报业传媒集团在国际传播领域长期耕耘结出的硕果。2003 年，南方报业传媒集团开始涉足地方国际传播，正式开通上线广东唯一省级英文新闻网站南方英文网。时至 2021 年，南方报业传媒集团成立对外传播中心，全力打造 GDToday 国际传播媒体品牌。在正式升级为今日广东国际传播中心之前，短短两年时间，对外传播中心就交出了一份出色的成绩单：推出 4 万余条原创产品，总覆盖量超过 25 亿人次，拥有 GDToday 新闻网/南方英文网、GDToday 英文客户端、Facebook、X、YouTube、TikTok 等海外网络社交媒体平台账号矩阵，覆盖英语、葡萄牙语、法语等外文和粤语等方言，聚拢近 2000 万名海外用户，全球合作媒体超过 1000 家，构建起覆盖全球的采编和传播网络。这份沉甸甸的成绩单，是广东向外界宣布建强 GDToday 外宣旗舰媒体的底气所在、信心所在。

建强 GDToday 外宣旗舰媒体，一是明确并巩固其“旗舰”地位。旗舰，就是起到实际指挥作用的舰艇，一般只能有一艘，否则容易军心不稳。在地方国际传播格局构建的爬坡阶段，广东应该避免分头行动、重复建设，明确 GDToday 作为广东对外传播主平台、世界了解广东第一端的定位，集中力量办好一件事，把 GDToday 打造成具有强劲外宣领航力、战斗力的旗舰媒体。等到条件成熟以后，再谋划建设预备旗舰媒体，形成合理有序的旗舰媒体梯队。

二是建好用好六大平台。旗舰要有旗舰的样子。省委要求 GDToday 努力成为习近平总书记思想和形象的全球展示平台、粤港澳大湾区资讯的权威发布平台、广东高质量发展的服务保障平台、外籍人士便利的网上办事平台、涉外活动的策划组织平台、中华文化“走出去”

的传播交流平台。为此，要着力加强渠道建设、内容建设、智库建设、技术建设和队伍建设，夯实平台基础，发挥平台功能，以全面支撑广东国际传播工作。

三是打造外宣媒体舰队。旗舰不是孤船，不能没有与之相伴而行的舰队。在这一方面，浙江尤其重视。据不完全统计，截至 2024 年 9 月 30 日，浙江省范围内已成立省级国际传播中心 1 个，地市级国际传播中心 9 个，区县级 7 个，建成“省级—地市—区县”三级金字塔式省域国际传播格局指日可待。反观广东，立体化省域国际传播格局虽已显现，但相对瘦小，地市级、区县级国际传播中心基数较小，与省级国际传播中心尚未真正构成支撑之势。由此可见，加强地级市、区县国际传播中心建设，是建强 GDToday 外宣旗舰媒体的内在要求。

二、向文化要国际传播动力

《决定》指出，加快构建中国话语和中国叙

事体系，全面提升国际传播效能。这一重大部署，既划出改革的重点，又明确改革的目标，为广东构建更有效力的国际传播体系提供了具体指引和重要遵循。

（一）加快构建中国话语和中国叙事体系

近代以来，西方国家在物质文明建设上取得快速发展，综合实力大幅飙升。与此同时，西方学者以西方实践为研究对象和立论基础，在哲学社会科学领域推演出一系列理论学说。从人类文明整体来看，这些理论学说只是地方性记述、局部性概括、阶段性总结。可是，在西方世界强力推动下，这些理论成果逐步被包装成所谓“普世价值”，成为诸多领域的“基本话语”和“底层逻辑”，甚至被为数不少的中国学者奉为“圭臬”和“准绳”。这相当于预先设下“拦路虎”，使得我们“有理说不出，说了传不开，传了听不进”，严重制约了我国国际传播效能。

正是在这种严峻的国际传播形势下，加快

构建中国话语和中国叙事体系被正式提了出来，并作为一项重要改革措施加以部署、推进，吹响了突破西方“话语陷阱”和“叙事藩篱”的冲锋号。

话语体系是思想体系和知识体系的外在表达形式。党的十八大以来，习近平总书记总是用富有中国特色的话语表达影响国际舆论，提出中国梦、人类命运共同体、“一带一路”、全球发展倡议、全球安全倡议、全球文明倡议等重大理念，成功引领着中国话语体系建设。

叙事体系包括叙事逻辑、叙事文本、叙事技巧三个层面。叙事逻辑通“道”，解决“为什么”之问，属于叙事体系的“大脑”；叙事文本体“事”，解决“讲什么”之问，属于叙事体系的“骨骼”；叙事技巧明“术”，解决“怎么讲”之问，属于叙事体系的“皮层”。逻辑、文本和技巧合一，才能真正构筑叙事体系。

话语体系和叙事体系二者相辅相成、密不可分。话语体系为叙事体系提供主体内容和思想工具，叙事体系为话语体系提供逻辑支撑和传播场域。

加快构建中国话语体系和叙事体系，着力点、突破口很多，择其要者有三：

主动设置议题。吃别人嚼过的馍没味道。要把习近平新时代中国特色社会主义思想宣传推介作为重中之重，持续宣传好、阐释好、推广好其中具有中外融通特性的新概念、新范畴、新表述，让国际社会广泛关注讨论中国议题，让中国议题有机深入融入国际社会，牢牢掌握国际传播话语权、主动权。

生动讲述故事。及时调整媒介话语和叙事策略，尽量减少政策性宣传话语，坚持贴近中国国际、贴近国际关切、贴近国外受众，注重用事实、数据和案例说话，用小切口折射大图景，用小故事反映大道理，用小问题呈现大时代，顺应全媒体融合发展趋势，用好微短剧、短视频等多模态手段，鲜活地展现中国故事及其背后的中国之“道”。

能动传播声音。国际传播不能大水漫灌，而是要具体情况具体分析，在把握全人类共同价值的基础上，根据国别和文化差异，做好精准传播，有针对性地选择渠道、平台进行差异化内容生产与分发，推进中国故事和中国声音的全球化表达、区域化表达、分众化表达，切实增强亲和力和时效性。

（二）展现可信、可爱、可敬的中国形象

如果说加快构建中国话语和中国叙事体系是全面提升国际传播效能的实现手段，那么，展现可信、可爱、可敬的中国形象，就是全面提升国际传播效能的最终效果。也就是说，全面提升国际传播效能，必然以展现可信、可爱、可敬的中国形象为关键目标导向。

展现可信、可爱、可敬的中国形象，要着力用中华文化资源讲好新时代中国故事。在这一方面，江西景德镇作出了很好的示范。

陶瓷是中国走向世界、世界认识中国的重要文化符号。“china”是瓷器，“China”是中国。近年来，江西景德镇充分挖掘、整合和利用陶瓷这个千年品牌和“世界语言”，致力于用

“china”讲“China”，不断扩大陶瓷文化国际“朋友圈”。

景德镇成功的关键钥匙是“三个注重”。

注重以瓷扬名，打造陶瓷文化海外交流品牌活动。借助“感知中国”“今日中国”等国家形象综合展示平台，在海外多个国家铺开一系列陶瓷实物新展、艺术特展、文化大展。

注重以瓷会友，创造优质的陶瓷文化服务交流环境。特别是专门成立“景漂景归”人才服务局，吸引了诸多“洋景漂”聚集景德镇、圆梦景德镇。如 51 岁的英国物理学博士盖博天，曾是一家跨国银行的高管，因喜爱景德镇独特的艺术氛围，2016 年辞职来到景德镇与人合作制瓷，经过四年研发，产品摆进了伦敦顶级陶瓷专卖店的橱窗里。

注重以瓷为礼，化身外交信物和文化使者。由于底蕴深厚、制作精良，景德镇陶瓷被赋予特别的文化交流功能。据不完全统计，历年来，景德镇为党和国家领导人出访，组织承制礼品瓷达 300 多批次，其中包括赠予俄罗斯总统普京的《八珍供御》宝石蓝描金皮球花咖啡具、亮相韩国平昌冬奥会的“国瓷·红叶”。

景德镇的成功经验告诉我们，中华文化资源禀赋独特、可塑性强，是讲好新时代中国故事的宝贵素材和灵感来源。

习近平总书记赠予俄罗斯普京总统景德镇瓷具

展现可信、可爱、可敬的中国形象，还要着力紧扣国际关切，讲好新时代中国故事。

在党的二十大召开前夕，中国新闻社向200多家海外华文媒体发起“问题众筹”，广泛汇集国际社会对中国、中国共产党的具体关切，推出“问答二十大”系列短视频，“中共各级‘一把手’为什么叫书记”“中共党代会闭幕时为何要奏《国际歌》”“中央委员和候补委员名单的排序方法为什么不一样”“中国共产党还会发展外籍党员吗”等问题，一开始就原汁原味地展示来自海外民众的心声，报道对这些问题的回答可谓“一矢中的”，因而取得了很好的国际传播效果。

中国新闻社还推出《中国共产党的“十万个为什么”》等重磅栏目，“为什么中共党员要定期交党费”“入党为什么要两名‘介绍人’”“中南海正门，影壁上为什么刻的是这五个大字”“入党誓词几经修改，这两个字为何始终不变”等问答，让海外民众对中国共产党有了更为全面、清晰的了解，实现了“问题从海外来，答案到海外去”的有效国际传播。

在以问为题、史论结合、今昔对接的框架下，中国新闻社把中国共产党为什么能、马克思主义为什么行、中国特色社会主义为什么好等重大问题，拆解成一个个细致有趣的“为什么”和对这些“为什么”的真诚、生动、接地气的回答，在为受众解疑答惑的过程中，润物细无声地修正了海外人士对中国形象认识的偏差。

（三）擦亮岭南标识，推动广东文化“走出去”

广东是“海上丝绸之路”的起点、文化交流交往的节点，是展示中华文明之美的重要窗口，自当肩负起全面提升国际传播效能这一光荣使命。

充分发挥广东地缘人缘优势。广东自古就是中国海上贸易和移民出洋最早、最多、最广的省份，近代以后逐渐发展成为著名侨乡。现居美国的广东知名自媒体博主张大碗子发现，在外国人眼中，会说粤语的人比较特别。遇到讲粤语的中国人，外国人会先问能不能用粤语讲一句话、普通话讲一句话，接着他们会去分辨哪一句是粤语，哪一句是普通话。方言不仅能勾起乡思，也能为国际文化交流增添趣味。

广东要充分发挥好粤语、客家话、潮汕话等方言的海外传播优势，持续向海外推出一系列高质量粤方言文化产品，为广大华侨华人提供心灵慰藉，对外讲好中国故事、大湾区故事、广东故事。

做强做优广东对外文化品牌。在全面提升国际传播效能的时代号召中，广东应当深化品牌意识，优化品牌结构，强化品牌效益，做精做细做实做活上述品牌，通过主题展览、文娱表演、精美视频、图文展示、达人推介、沉浸式体验等生动有趣的活动形式，真实、客观、立体、全面展示广东，让海外民众在感知广东中体验广东之真，形成对广东的客观认识；让海外民众在欣赏广东中感受广东之美，产生对广东的美好向往；让海外民众在问业广东中触摸广东之善，坚定聚集广东、置业广东、圆梦广东的信心和行动。

提炼好展示好岭南文化标识。岭南文化标识逐渐成为中华文化国际传播爆点。比如，2024 年春节期间，一场亚洲以外最大型的新春庆祝活动在英国伦敦特拉法加广场隆重举行，吸引了超过 70 万民众慕名参与。来自广东潮汕的普宁英歌舞，“舞动伦敦”，惊艳众人，引发英国国王查尔斯赞叹为“最成功、最难忘的活动”。英歌舞从田间地头跳到城市广场，再到如今的惊艳亮相海外，一股岭南雄直之气正在被世界看见。

2024 年春节英歌舞亮相英国伦敦

像英歌舞这样独特的岭南文化标识，广东还有很多，诸如有“南国红豆”之称的联合国人类非遗粤剧，入选世界记忆名录的侨批，列入世界文化遗产的开平碉楼，还有功夫、龙舟、醒狮、工夫茶，等等。

把这些岭南文化标识提炼好、展示好，从广东这个窗口向世界展示中华文明的精神标识和文化精髓，无疑能把全面提升国际传播效能落到实处、作出特色。

三、让全球文明倡议通全球

《决定》指出要“建设全球文明倡议践行机制”。把践行全球文明倡议当作一项改革任务来抓，强调形成体系化、常态化的践行机制，体现出中央深入实施中华文明全球传播工程、推动构建人类命运共同体的坚定决心和实际行动。

（一）从全球文明倡议到文明对话国际日

2023 年 3 月 15 日，习近平总书记在中国共产党与世界政党高层对话会上首次提出“全球文明倡议”。这是继“全球发展倡议”（2021 年 9 月 21 日）和“全球安全倡议”（2022 年 4 月 21 日）后，中国向世界提供的又一国际公共产品。该倡议表明中国致力于推动不同文明互尊互敬、相通相融、共生共进、互学互鉴，充分展现出中国的大国责任和担当。

自提出以来，全球文明倡议引发了国内外社会的积极反响、全球媒体的广泛报道，以及国际舆论的持续关注。2023 年 12 月，“全球文明倡议”与“村超”“显眼包”“特种兵式旅游”等，入选国家语言资源监测与研究中心发布的“2023 年度中国媒体十大新词语”。

据中国外文局当代中国与世界研究院国际传播大数据智能服务平台统计，截至 2024 年 3 月 15 日，海外媒体相关报道达 2000 多篇，涵盖英、中、法、意、德、日、韩等近 20 个语种，其中，英文报道量居首位（1205 篇），远高于中文（413 篇）、阿拉伯语（310 篇）、法语（177 篇）等其他语种，就地区而言，欧洲国家对全球文明倡议的关注度较高。①

① 于运全：《全球文明倡议国际传播的新成效与新进路》，《人民论坛 · 学术前沿》2024 年第 11 期。

2024 年联合国首届文明对话国际日系列活动之一“中华论语旗袍秀走进雅典卫城”

全球文明倡议得到了国际社会的普遍认可。2024 年 6 月 7 日，第 78 届联合国大会协商一致，通过中国提出的设立文明对话国际日决议，将 6 月 10 日设立为文明对话国际日。随后，联合国首届文明对话国际日系列活动在法国、希腊等地陆续举办，全球文明倡议正式步入实际落地阶段。叙利亚政治问题专家马希尔·伊赫桑由衷赞叹道：“联大通过设立文明对话国际日的决议，体现出中国提出的全球文明倡议正不断落地生根，转化成更多服务于全人类的公共产品。”①

从习近平总书记提出全球文明倡议，到联合国大会设立文明对话国际日，中国方案升格为人类共识，转化为世界性的节庆活动和文化实践。在未来的发展过程中，中国自当走在前面，建设全球文明倡议践行机制可谓正当其时。

（二）建设全球文明倡议践行机制的现实基础

长期以来，中国做实做细文明交流互鉴，打造出一系列文明交流对话平台，为建设全球文明倡议践行机制奠定了良好的现实基础。

举其大者，主要有三类：

---

① 《为世界和平发展人类繁荣进步注入文明力量——国际社会热烈欢迎联合国设立文明对话国际日》，《人民日报海外版》2024年6月10日。

第一类是双边、多边文明交流对话平台。2005年，中阿合作论坛正式启动，随之一并运作的机制之一是召开中阿文明对话研讨会。截至2023年，中阿文明对话研讨会举办了十届，成为中华文明和阿拉伯文明之间的主要公共对话平台。此后，中拉文明对话论坛、中非文明对话大会、中欧文明论坛等陆续设立并机制化运行。2017年，多边文明交流对话平台建设迎来新进展，由中国和希腊共同倡议发起的“文明古国论坛”首次在雅典召开，集结了世界上最具代表性的10个古文明国家，探讨建设文明古国共同体，增进民心相通。在2024年10月“金砖+”领导人对话会上，中国继续挺膺担当。习近平总书记提出中国将牵头成立“全球南方”智库合作联盟，成为践行全球文明倡议的又一有力举措。

第二类是区域性文明交流对话平台。目前，亚洲范围内的文明交流对话平台主要有三个，分别是亚洲青年文明对话论坛、亚洲文明对话大会、亚洲文化遗产保护联盟，都是由中国主导发起的。2015 年，习近平总书记在海南博鳌亚洲论坛上发表主旨演讲，发出召开亚洲文明对话大会的重要倡议。次年，联合国教科文组织和中华人民共和国教育部共同举办亚洲青年文明对话论坛，为亚洲文明对话大会导夫先路。2019 年，亚洲文明对话大会在北京开幕，达成广泛共识并发表《亚洲文明对话大会 2019 北京共识》。2023 年 4 月，亚洲文化遗产保护联盟正式成立，中国担任首届联盟理事会主席国，展现出我国落实全球文明倡议的主动作为和积极担当。

第三类是专门性文明交流对话平台。有以党政机构联合国内学术机构、社团组织创办的国际性文明论坛，包括文明交流互鉴对话会、文明交流与全球发展论坛等；也有以国际学术文化组织为主导的全球性文明论坛，如国际儒学联合会于 2020 年创立和合文明论坛，弘扬“和而不同、同舟共济”的中华文明观以及“和合”的东方智慧；还有由高端智库创办的世界性文明论坛，如太和智库从 2017 年起连续举办了八届太和文明论坛，探寻共同价值，共谋和谐发展。整体而言，我国专门性文明交流对话平台颇有多点开花、遍布全国之势。东有尼山世界文明论坛，西有丝绸之路国际文化博览会，南有良渚论坛、太湖世界文化论坛，北有世界古都论坛、世界大河文明论坛。

有了上面各种各样的文明交流对话平台，全球文明倡议就有了具体而丰富的依托，才能真正由美好构想转化为坚定行动，朝着机制化、体系化、常态化的践行方向发展。

（三）办好在粤国际性活动落实全球文明倡议

广东是改革开放的前沿阵地，广受国际社会关注，吸引了越来越多的大型国际性活动落地开办。据不完全统计，目前常驻广东的大型国际性活动达 20 个。广东要充分利用现有的国际交流对话平台，高质量办好在粤国际性活动，展现践行全球文明倡议的广东作为、广东特色。

在诸多活动中，省委强调重点依托“读懂中国”国际会议（广州）、从都国际论坛等国际性活动做好主场外宣。这就要求广东把大会当作大事来办，形成专门办、重点办的办会工作机制。

办好“读懂中国”国际会议。“读懂中国”国际会议在广州已成功举办四届。2023 年 11 月 19 日—12 月 24 日，历时五年打磨，“读懂中国”系列纪录片在美国华纳集团 Discovery 频道播出，引发海外广泛关注，2024 年获得素有“电视界奥斯卡”之称的美国“泰利奖”纪录片银奖。要围绕“读懂中国”国际会议成果，推出更多具有国际传播力影响力的外宣产品，把“读懂中国”国际会议打造成为广东建设展示中华民族现代文明重要窗口的强大支点。

办好从都国际论坛。从都国际论坛是我国重要的民间外交及国际交流平台，赢得了国际人士的高度认可。长期致力于中法民间交流的法国前总统戴高乐将军曾孙女娜塔莉·戴高乐说：“中国领导人对于非官方民间外交的提倡，给我留下了很深的印象。”[①] 广东要牢牢抓住举办从都国际论坛这一绝佳契机，创造一个适宜深度对话的优质环境，探索出一条“既留住人，也留住心”的民间文明交流互鉴之路。

办好中国（深圳）国际文化产业博览交易会（简称“文博会”）。文博会是中国目前唯一一个国家级、国际化、综合性的文化产业博览交易会，2004 年创办，至 2024 年已成功举办 20 届。20 年间，海外“朋友圈”扩大了 10.3 倍。2023 年起，在文博会开展期间，由中宣部主办的文化强国建设高峰论坛在深圳国际会展中心同步举行。如何将这两大活动有机结合起来，以高峰论坛提升文博会的品位，以文博会对外宣介文化建设成就、深化文明交流互鉴，是广东建设全球文明倡议践行机制的必答题。

① 曹然：《2023 从都国际论坛：为践行真正的多边主义发声助力》，《中国新闻周刊》2023 年第 47 期。

四、用湾区文化“造船出海”

《决定》指出要“推动走出去、请进来管理便利化，扩大国际人文交流合作”。这是构建更有效力的国际传播体系的最后一项改革部署，显示出我国推进国际传播能力建设的高远追求，不仅仅是讲好中国故事、传播好中国声音，更在于深化文明交流互鉴、弘扬全人类共同价值、构建人类命运共同体。

（一）推动走出去、请进来管理便利化

推动走出去、请进来管理便利化，可谓大开方便之门之举，为扩大国际人文交流合作提供了重要保障。

做好这项改革工作，关键在于加大开放力度。2024 年，我国相继出台 110 余项便利外籍人员来华举措，推出 144 小时过境免签政策，为广大国际友人来一场说走就走的中国之旅创造条件。

如何进一步加大开放力度？一方面，以主要口岸城市为枢纽，连通节点城市，打造入境旅游精品线路，形成各省（区、市）区域联动，通过点、线、面相结合，逐个打通入境游发展过程中的堵点和难点。另一方面，持续优化签证和通关政策，推进国际航班加速恢复，改善支付便利化水平，提升入境旅游综合服务质量，推动中国文化旅游的国际热度不断提升。

在加大开放力度的基础上，还要重点加强双边及多边文化合作机制建设。在这方面，我国已具备良好基础。截至 2023 年末，我国在全球设有 48 家海外中国文化中心、20 家驻外旅游办事处。[①] 全球有 85 个国家将中文纳入国民教育体系，190 多个国家开展中文教育，284 家中方合作机构和 1266 家外方合作机构在 160 个国家和地区共建孔子学院 496 所、孔子课堂 757 所。[②]

---

① 《中华人民共和国文化和旅游部 2023 年文化和旅游发展统计公报》，文化和旅游部官网 2024 年 8 月 30 日。

② 马箭飞：《不平凡的 20 年（孔院二十年）》，《人民日报海外版》2024 年 9 月 6 日。

中希文明互鉴中心、中法文明交流互鉴合作研究中心相继成立。丝绸之路国际剧院联盟、博物馆联盟、艺术节联盟、图书馆联盟和美术馆联盟，2023 年 6 月底，成员单位达 562 家，[①] 2023 年 9 月另设丝绸之路旅游城市联盟，吸纳了全球 26 个国家的 58 个海内外城市成为创始会员。[②]

再接再厉，再创佳绩。我们要继续推动对外人文交流合作常态化、实体化、机构化运作，以此为依托开展各类文化交流品牌活动，为海外群体了解中国文化和社会生活搭建平台，激发中外民众相互了解及相互认知。

（二）健全“文化出海”政策体系

近年来，越来越多的广东文化产品走出国门，向全球展示中华文化的独特魅力。

---

① 《共建“一带一路”：构建人类命运共同体的重大实践》，新华网 2023 年 10 月 10 日。

② 《丝绸之路旅游城市联盟成立》，《人民日报》2023 年 9 月 7 日。

以网游为例，广东自主研发的游戏产品出海规模逐年攀升，如总部位于广州的三七互娱，已在全球 200 多个国家和地区发行了超过 120 款移动游戏，稳居中国出海游戏厂商第一梯队。2024 年 8 月，饱含广东元素的中国首款 3A 游戏《黑神话：悟空》更是成为全球现象级 IP。此外，家喻户晓的国漫三大 IP——熊出没、喜羊羊与灰太狼、猪猪侠也“漂洋过海”，火爆到海外。比如，“熊出没”系列在 YouTube 上获得 620 万总订阅量，居华语动画剧集频道首位，成为印度、土耳其等国的现象级 IP。

数据显示，目前，广东文化产品和服务出口额约占全国 2/5，覆盖全球 160 多个国家和地区，形成以数字出版、创意设计、文化产品和设备制造为优势的文化出口格局。

广东已成为我国对外文化贸易的“重镇”。能够取得这样的好成绩，得益于广东这些年来持续不断地推出扶持政策。2022 年 7 月，商务部等 27 个部门印发《关于推进对外文化贸易高质量发展的意见》，对广东健全“文化出海”

国漫三大 IP：熊出没、喜羊羊与灰太狼、猪猪侠

政策体系提出了新要求，也提供了具体指引。

健全“文化出海”政策体系，关键是要做到“四个着力”：

着力培育文化贸易竞争新优势。大力发展数字文化贸易，扩大粤产文艺精品、优秀广播影视节目、出版物出口和版权贸易，推动粤剧、广绣、皮影戏、工夫茶、侨批档案等岭南特色文化“走出去”，促进文化创意和设计服务出口。

着力激活文化创新发展新动能。强化科技赋能，创新发展数字内容加工等业务，加大力度培育数字创意战略性新兴产业，加强广州天河、广州番禺两大国家文化出口基地及广州、深圳两大国家对外文化贸易基地建设，鼓励数字文化平台国际化发展。

着力激发文化市场主体新活力。充分发挥广东已建成的 9 家国家文化和科技融合示范基地的示范带动作用，培育一批具有核心竞争力的文化贸易骨干企业，以建设“一站式”文化贸易服务平台为抓手，不断强化广东在动漫、影视、游戏等领域的品牌优势。

着力拓展文化贸易合作新网络。健全文化贸易合作机制，加强广东与各国及政府间国际组织交流合作，健全文化产业和贸易政策沟通对话机制，提升中国（深圳）国际文化产业博览交易会、广州国际艺术博览会、中国（广州）国际纪录片节、中国国际影视动漫版权保护和贸易博览会等重点展会的国际化、专业化、市场化水平。

（三）携手港澳共建一流人文湾区

扩大国际人文交流合作，还要携手香港、澳门，这是因为粤港澳三地本来就文脉相亲、人心相通。粤港澳携手共建一流人文湾区，至少应该致力于“三个共同”：

共同塑造湾区人文精神。一方面，加强岭南文化遗产保护利用。强化重要文化和自然遗产、非物质文化遗产系统性保护，讲好粤港澳三地联合成功申报粤剧为联合国人类非遗的故事，联合实施重要文化遗产保护传承专项计划，建立粤港澳大湾区文化遗产数字信息共享平台，共同推进海上丝绸之路保护和申遗工作，再创联合申遗成功佳话。

另一方面，加强青少年文化培育和交流。强化内地和港澳青少年爱国教育，创新游学工作机制，丰富粤港澳大湾区青少年文化培育和交流计划，为粤港澳青年在文化和旅游领域实习、就业、创业提供便利、搭建平台，让粤港澳青年在交流中交心，在交心中增进对彼此的理解和认同。

共同推动文化繁荣发展。一是打造彰显湾区特色的文艺精品。做大做强做优粤港澳大湾区文化艺术节、艺术家联合采风创作计划、文化艺术精品创作及巡演等重点艺术创作和交流项目，展现湾区文艺繁荣发展的喜人景象。

二是提升湾区公共文化服务水平。持续办好粤港澳大湾区公共文化和旅游产品（东莞）采购会，高水平办好白鹅潭大湾区艺术中心，加强与香港西九文化区、香港故宫文化博物馆、澳门故宫文化遗产保护传承中心、澳门博物馆的有机联动，形成粤港澳大湾区公共文化服务共建共治共享机制。

三是构建湾区文化创意产业集群。优化粤港澳大湾区文化产业发展布局，规范发展文化产业园区，推动大湾区文化产业带建设。发挥香港、澳门、广州、深圳四大中心城市辐射带动作用，向创新要生机，向科技要活力，构筑具有全球引领力的文化产业高地。

共同建设对外交流网络。一方面，强化粤

港澳大湾区中外文化交流合作协同机制。持续推动“欢朋满粤”“湾有引力”“机遇湾区”等对外文化交流活动，建设一批“走读广东”“走读湾区”体验基地，让海外人士在领略岭南山水人文之美、感悟大湾区发展之变中读懂中国、亲近中国。

另一方面，粤港澳大湾区城市可依据自身条件发展各具特色的对外文化交流品牌，向全世界展现多元互补、活力四射的一流人文湾区形象。比如，香港打造更具有竞争力的国际文化交流平台，澳门建设以中华文化为主流、多元文化共存的交流合作基地及中国与葡语国家文化交流中心，广州构建岭南文化中心和对外文化交流门户，深圳塑造面向全球展示社会主义文化繁荣兴盛的现代城市文明，中山形成孙中山文化资源开发利用平台，江门搭建华侨华人文化交流合作重要平台等。

在新征程上，构建更有效力的国际传播体系，广东不仅有优势，而且有能力将优势运用好、发挥好。加快建设更高水平文化强省，携手港澳加快建设一流人文湾区，面向世界立体讲好中国故事、湾区故事和广东故事，未来可期，精彩可期！

主要参考文献

1.《中共中央关于进一步全面深化改革推进中国式现代化的决定》，人民出版社 2024 年版。

2.《〈中共中央关于进一步全面深化改革、推进中国式现代化的决定〉辅导读本》，人民出版社 2024 年版。

3.《党的二十届三中全会〈决定〉学习辅导百问》，党建读物出版社、学习出版社 2024 年版。

4.《习近平谈治国理政》第 1、2、3、4 卷，外文出版社 2018、2017、2020、2022 年版。

5. 习近平：《高举中国特色社会主义伟大旗帜　为全面建设社会主义现代化国家而团结奋斗——在中国共产党第二十次全国代表大会

上的报告》，人民出版社 2022 年版。

6. 习近平：《论党的宣传思想工作》，中央文献出版社 2020 年版。

7. 中共中央党史和文献研究院：《习近平关于社会主义精神文明建设论述摘编》，中央文献出版社 2022 年版。

8. 中共中央宣传部干部局：《新时代宣传思想工作》，学习出版社 2020 年版。

9. 祁述裕主编：《十八大以来中国文化政策与法规研究》，社会科学文献出版社 2018 年版。

10. 李媛媛：《深化文化体制改革问题研究》，人民出版社 2017 年版。

11. 占善钦：《中国的走向：文化体制改革》，北京时代华文书局 2014 年版。

后　记

为深入学习贯彻党的二十届三中全会精神，认真落实中共广东省委十三届五次全会精神和要求，充分发挥党校干部培训、思想引领作用，中共广东省委党校（广东行政学院）以“改革再造一个新广东”为丛书名组织校（院）专家学者编写系列教材。其中，本书聚焦“深化文化体制机制改革”的重要论述，系统总结广东的实践探索和历史经验，借鉴其他地区的特色做法和典型案例，探索以更大魄力和务实行动加快建设更高水平文化强省，实现新突破、展现新担当、创造新成绩，绘就文化繁荣发展的新篇章。

本书由中共广东省委党校（广东行政学院）文史教研部欧海龙担任主编，周建增、杨基炜担任副主编，共同参与撰写工作，具体分工如下：引言、第二章、后记以及全书的统筹、体例、统稿等工作由欧海龙负责，第一章、第三章由杨基炜负责，第四章由周建增负责。本书是集体攻关的成果，在时间紧、任务重的情况下，各位成员潜心钻研、兢兢业业、精诚合作、博采众长，共同完成了本书的撰写工作。

在本书编写和出版过程中，中共广东省委宣传部、省委网信办、广东省文化和旅游厅等给予了大力支持，中共广东省委党校（广东行政学院）常务副校长蒋达勇同志、校委委员刘朋同志、教务处处长许德友同志组织进行了多轮讨论论证，中国特色社会主义研究所所长张谨教授、哲学教研部主任周峰教授、佘泽娜教授、文史教研部主任汤红副教授对本书进行了审读把关，提出修改意见，给予了悉心指导。值本书付梓之际，在此一并表示衷心感谢！

党的二十届三中全会立足强国建设、民族复兴的战略高度，提出深化文化体制机制改革重大任务，精神内涵丰富、博大精深，广东作为改革开放的排头兵、先行地和实验区，在文化体制机制改革方面大胆实践、勇于探索，形成了一系列具有鲜明时代特征和广东特色的改革经验。但受学识和时间所限，书中难免有遗珠之憾乃至错漏与不当之处，敬请各位读者不吝指正赐教！

本书编写组

2024 年 12 月